22世紀の資本主義

やがてお金は絶滅する

成田悠輔

JN203712

文春新書

1474

稼ぐより踊れ
競うより舞え

『慶應四豊年踊之圖』
河鍋暁斎／1867年／出典：国立国会図書館デジタルコレクション

22世紀の資本主義　やがてお金は絶滅する

目次

第2章　抗争　市場が国家を食い尽くす……101

口直し

第3章

構想

本書は書き下ろしです。

装幀・本文デザイン　城井文平
表紙アート提供　山本雄教
写真提供　野村佐紀子
編集　鳥嶋七実
分析・執筆支援　伊藤ちひろ、堀静穂、吉田翔栄、伊藤さやか、はじめご助言いただいた数え切れない皆様

はじめに

「LOVEはお金で買えるのか」
結論「メイクラブの快感と財力の快感は、とても似ています」

――叶恭子『トリオリズム』

だったら、お金もメイクラブと同じくらいに一回きりでかけがえのないものにできないだろうか？　もうお金とは思えないくらいリッチでデリケートでヘヴンリーに彩られた、めくるめくお金だ。

いま生きている人間はみんな、生まれたときからそこにお金があった。お金に囲まれ、お金を使って生きることが当たり前で生きてきた。だからお金は食べ物や飲み物のように、排泄や生殖のように自然ななにかだと感じる。本当だろうか？

A　お金という（悪）夢

お金は人類の恥部である。

みんなお金が大好きだ。ネットや本屋を覗くと年収アップやら資産形成やらＦＩＲＥやらのゴミみたいな書籍や動画が溢れている。火を放って焼き払いたくなるくらいに。暗号資産やらＮＦＴやら新しい資産も次々芽生えては滅びているらしい。億《おく》り人《びと》も家畜みたいに大量生産されている。

夢のある話だけじゃない。人生相談を受ける番組で資産をすべてトルコ国債・リラに投入した直後に暴落で終了した人の相談を受け、諦めることをおすすめしたことがある。なりすまし投資詐欺に引っかかって老後のための資金を溶かしてしまう中高年も多い。逆に小金のために詐欺の出し子になって一生を棒に振ってしまう若者もいる。数十万円のために人殺しを請け負う人さえいる。人を殺すくらいなら、自分が死ねばお金の心配もなくなるのに。

お金は夢であり悪夢である。それなのに、あるいはだからこそ、人はお金の話を避けたがる。身長や年齢、時に体重や血圧は公開しても、年収や資産は誰も公開しない。家族や親友にさえ教えるのはすごい抵抗感だろう。そして公開してる人のお金情報はだいたいデマである（ビジネスお金持ちもビジネス貧乏人も多いので注意）。不思議だ。ただの数字になぜそんなに神経質になるんだろう。要するに、お金はみんなが一番話したがり、同時に一番話したがらない存在である。

私はどうかって？　もちろん年収も資産も断固として非公開である。そして私もお金が大好きで大嫌いである。お金には人の性格や本質が映し出されるように見えるからだ。お金持ちに限ってケチで人を安くこきつかうことが本能みたいに染みついていたり、お金に興味がないと言ってる人はだいたいそういう話でお金を稼ぐ人だったり。お金には人間の矛盾や葛藤がよく表れる。だからどうでもいいところで急に強気の値段交渉をして相手が狼狽《うろた》えるのを見たり、他人のお金事情をしつこく聞き出そうとして絶縁されたりするのが好きだ。人の不幸はもちろん大好物なので、株価や仮想通貨が暴落して苦しんでいる人がいると胸が高鳴ってしまう。

でもちょっと待ってほしい。なんで人はお金が大好きで大嫌いなんだろう？　そもそもお金とはなんだろうか？　なぜお金はいるんだろうか？　お金はこれからも必要でありつづけるんだろうか？　ふと立ち止まって考えてみると、こういった問いへの答えを私たちは持っていないことに気づく。巷《ちまた》のお金本や投資動画は教えてくれないし、学校の政治経済の教科書にも載っていない。だったら素手でそういう問題を考えてみよう。一番答えを知りたい疑問はこれだ。お金なしで生きることはできないだろうか？

今ここの時事や情勢の話はしない。向こう十年の経済見通しも考えない。株価の予測などもちろんしない。わからないし興味がないからだ。むしろ、向こう数十年から百年くらいの未来を考える。お金や市場経済の仕組みはどう変化していくだろうか？要は資本主義はどこにいくのだろうか？　国家vs.市場、政治vs.経済の役割分担は？22世紀ごろに向けて資本主義が、市場経済が、そしてお金がどうなっていくかの予想（のふりした妄想）だ。社会は、人間は、世界はどこにいくのか知るための準備運動でもある。

投資でいくら儲けたとか資産がいくらになったとか生ぬるいことを言ってる連中は滅びてほしい。そういうものが全部燃え尽きるような、本当の資本主義の話をしよう。

最後に、この本が目指すのは突飛なＳＦではない。むしろ堅実な予測を目指す。脳内で生まれたばかりの夢を掬《すく》おうとする生卵のように繊細なＳＦではない。かといって、今ここで事業化できるほど固まったゆで卵でもない。その間の半熟卵を目指す。半熟卵にははっきりした境界がなく、始まりも終わりもあいまいだ。好きなところで読みはじめて好きなところで読み終わってほしい。ランダムに開いたいくつかのページだけつまみ食いするのもいい。22世紀までには食べ終わることだろう。

B　忙しい読者のための要約

1　暴走：すべてが資本主義になる

あるいは、すべてが市場経済の中の取引になり、契約になり、商品になる。そう聞くと、市場原理主義野郎の妄言かといきなりうんざりされるかもしれない。その通りだ。死人がゴロゴロ出るような、悪夢と現実の区別もつかなくなるような、徹底した資本主義と市場経済だ。

そこに向かうジェットコースターに私たちはもう乗っている。売上ゼロなのに時価総額1兆円の赤字上場企業、身元不明者やヨレヨレTシャツの若者が書いたコードに十年余りで時価総額数百兆円がついてしまう暗号通貨――怪しげなものにギャグみたいな値段がつく経済的超常現象が次から次へ起きている。

いま目の前で見て触れる便益をくれるものじゃない。まだ目に見ぬ未来に価値を爆発させるかもしれない、摑みどころがなくいかがわしいものたちだ。そういうものたちの市場価格が爆発している。現在がデフレし未来がインフレしている。現在は現実であり、未来は幻想である。だから現実がデフレし幻想がインフレしている、と言ってもいい。

未来に向けたフワフワした物語や期待を次から次へ商品化し、前代未聞の値札をつけて煽っていく資本主義――その雪崩は万物を飲み込んでいく。たとえば未来の私たちを透視するデータ。私たちがどんな人間で、何をしたり感じたり考えたりしそうかを予測してくれるデータも商品になり契約になる。すべてがデータになりつつある。

私たちの行動も言動も、体験した出来事もイベントも、心や体の状態も、ゆくゆくは私という存在や人格、キャラそのものもデータ化されていく。ひとたびデータ化した行動や心身や人格にはＩＤや所有権がつけられ、それに紐づいた契約や商品もできる。

無数の可能性がある。たとえば医者や病院への支払いを、その後の患者の体の状態に応じて成果報酬にする健康単位課金。私たちの精神状態が一定以下に落ち込んだら支払われる心の健康保険。歳をとって鬱や癇癪《かんしゃく》や政治への遠吠えが一定以上にひどくなったら支払われる中年の危機保険も個人的に欲しい。身も心も資本主義に組み込まれた世界が訪れる。

2　抗争：市場が国家を食い尽くす

ダメだ。そんな煽り気味の資本主義礼賛で終わっていいはずがない。逆襲はここからだ。心身も物事も人格もすべてがデータになるにつれ、市場経済の心臓に異常が起こる。お金だ。過去に誰が何をしてきたかの履歴データが豊かになると、データを覗き込むだけで誰が寄生虫で誰が功労者かがわかる。誰が信用に値して取引すべき相手かがわかる。すると、お金の多い少ないで人を判断する必要が薄れていく。お金の衰退がいくつかの段階で進むだろう。

まず、お金で測られる価格が買う人によって万華鏡みたく変わる。データがお金と価格を侵食し、それぞれの人の属性や過去の行動履歴データにもとづいて、価格が人ごとに変わる一物多価《いちぶつたか》化が進む。今でも借金の金利（＝借金という商品の値段）はそれぞれの人の信用度によって違うし、常連には安くしてくれる魚屋や八百屋もある。Eコマースで同じ商品の価格が閲覧者により変わる仕組みもひっそりとはじまっている。その徹底化だ。あらゆる商品やサービスの価格が人それぞれになる。価格が個人ごとに違えば、お金を使った経済力の比較も難しく、無意味になっていく。お金という物差しの支配力が弱まる。

一物多価的に柔軟化した市場経済は、意外な存在もおびやかす。国家だ。国家の専売特許だと思われてきた再分配や格差の解消を考えよう。仮に取引が買う人の収入や資産のデータに紐づけられ、同じ商品でもお金持ちほど価格が高くなる仕組みを導入したとする。すると、お金持ちほど高い値段を払うことになり、一物多価の市場経済の中で格差を緩められる。市場の徹底による分配の実現である。

中抜きとバラマキばかりしている国家の役割が疑われる未来さえ想像できる。国境で仕切られた国土を持つ福祉国家（「物理国家」と呼ぼう）が担ってきた徴税権や財政政策、社会保障の役割が衰える。物理国家は中年の危機に突入し、デジタル時代には警察・軍事・国境・司法あたりだけを担う夜警国家に退化する。再分配という公共政策内蔵の市場経済を提供するプラットフォーマーが、新種の情報国家になる。

こうして、古き良き物理国家を新種の情報国家が駆逐していく。市場と国家の抗争が今世紀の基調低音になる。

3　構想：やがてお金は消えて無くなる

そして最後には、お金で測られる価格が姿を消す。これまでの市場経済は、お金で測られる値札を商品たちにつけ、それぞれの人にどれを買って手に入れるか委ねてきた。でも人の手を煩わせるのはだるい。特に22世紀には。そこでふたたびデータの出番になる。それぞれの人が何者で何をしてきたかの履歴データが豊かになると、その人が何をどれくらい欲していそうかデータから察することができる。人々の好みを汲みとり、彼らを喜ばせる経済活動や資源配分を直接計算することもできる。

そんな風にそれぞれの人が何をしたり手に入れたりするかを計算し推薦するアルゴリズムが市場経済を操る。のちのちわかる理由で「招き猫」アルゴリズムと呼ぼう。そう、福を呼び込むあの招き猫とデータやアルゴリズムの融合だ。暗躍する招き猫アルゴリズムは再分配の欲求も反映し、はじめからそこそこ公平な結果を選びとる（税金や一物多価の価格などを介さず直接に）。そんな招き猫アルゴリズムの手招き（推薦）の範囲で人々は好きなことをする。

その芽はすでにある。21世紀初頭の今でも、何を食べ着てどこに住み、どんなドラマや映画を観て何の音楽を聴き、誰と知り合ったり付き合ったりすべきか——無数のアプリやウェブサービスが絶えず囁《ささや》いてくる。そんな囁きがあらゆる行為に広がる。そしてお金や値段をいちいち見て払うかどうか判断せずとも、招き猫がちょうどいい塩梅の行動に手招きしてくれる。調子にのってフリーライドしすぎた人は招き猫アルゴリズムに許されることが減り、しばらく他人に奉仕するしかなくなるだけだ。

地平線の向こうに見えてくるのは、いわば測れない経済である。招き猫アルゴリズムが織り成す経済では、一次元に単純化された価格やお金のような尺度がいらない。お金で測れる単純な収入額や資産額は影をひそめ、誰がお金持ちか貧乏人か比べることも難しくなる。

そんな世界で人々を突き動かすのは、もはやお金ではない。交換や仕事、親切のようなやりとりたちの来歴が刻み込まれたデータそのものが大切になる。それぞれの人の過去の来歴データは、他の誰とも違うその人の比べようのない多次元価値を表す徴《しるし》だ。アート作品のような存在である。

あたかも髪型や服装、言葉遣いを整えるみたいに、人々は来歴データに目をかけて整えるようになる。活動するたびに来歴データに足されるデータ断片を可視化して周囲と共有したりもする。あいさつをするように。その断片は唯一無二で量産できないアートのような、でも経済活動を媒介するトークンのようなものなので、「アートトークン」とでも呼べそうだ。動画や音楽・言語などはもちろん、食べ物や飲み物、家具や建築まで、五感や様々な物質・情報のあらゆる組み合わせで表現されるアートトークンが作られる。そんなアートトークンが、これまでは無色透明で無味乾燥だった経済的やりとりに色や形や温もり、そして味や匂いを添えていく。

人は何かするたび人からアートークンをもらい、変化するアートークンの束を持つ。気分に応じて人にアートークンをあげてもいい。投げ銭ならぬ投げアートークンだ。今の社会でもSNS生配信に投げ銭だけでなく絵文字やコメントを投げる。それ以外の経済活動にも測れないアートっぽい潤滑油は多い。気持ちを込めるためのスタンプやさりげない言葉、握手やお辞儀、お土産のお菓子なんかだ。これらはみんなアートークンの芽である。測れない経済におけるアートークンは、しかし、来歴データからあらゆる活動ごとに招き猫アルゴリズムが自動生成する。

アートークンは、過去のやりとりを刻み込んだ来歴データの影である。とともに、やりとりが生み出した感情（感謝やら驚きやら怒りやら満足やら）を伝える媒介でもある。こうして測れない経済における活動は、値段をつけてお金を払ったりもらったりする営みではなくなっていく。お互いに表情や言葉・音色を投げ合うラップやダンス、ジャズの即興のやりとりのようになっていく。

経済につきものの「競争」の意味も変わる。測れない経済で競われるのは、価値の高低ではない。スタイルの差異である。ユニークで奇妙なデータとアートークンの束を作り出そうとする、審美眼の競争である。投資でどれだけ儲かったかとか資産がいくらになったとか、大小や高低を競い合ってる場合じゃない。むしろ横に逸脱する奇形たれ。稼ぐより踊れという世界が訪れる。

C　はじめに開き直っておきたいこと

いきなり言い訳をしておく。この本は経済（学）の解説書ではない。「経済学者が経済について専門知でわかっていることを広くわかりやすく伝える」本ではない。逆だ。むしろ「何かあやふやでよくわからない素朴な疑問をみんなで考える」本である。どんな学問でも、わかっていることよりわからないことの方が圧倒的に多い。たまにはわからないことを気ままに議論してみるのもいいだろう。「プロ」も「素人」も一緒にだ。こういう精神で行こう。

現代の知識人は、素人（アマチュア）であるべきである。アマチュアリズムは、利益とか利害に縛られるのではなく、狭い専門性をありがたがるのでもない。社

会の中での憂慮とか愛着によって動く思考活動である。[※1]

22世紀ごろには資本主義は、市場経済は、そしてお金はどうなっているだろうか――そこらの人でもギリギリ興味を持ってくれそうなこういった問題を、プロの経済学者はもう語らない。そもそも「資本主義」という言葉を経済学研究で聞くことはほとんどなくなった。データや数理で分析するには問題が曖昧すぎ、ただのおしゃべりになりがちだからだ。まさにこの本のおしゃべりみたいに。だから現代の研究者はもっと個別具体的な問題を分析し、ちゃんと科学的であろうとする。

私にとってより重要な変化は、経済学のヴィジョンとして、新たな概念がますます姿を現すようになったことであり、と同時に別のはるかに古い概念が姿を消しつつあることだ。その新たなヴィジョンが「科学」であり、消え去りつつあるヴィジョンが「資本主義」である。[※2]

ただ、科学的であることの副作用もある。摑みどころのない問題について想像したり議論したりする興味や能力が退化した結果、経済学者の研究や言説の社会的影響力がすっかりなくなってしまったという副作用だ。そうなるのも不思議はない。世の中の人が興味を持つような問いを避けているのだから。

私は経済学の博士号を持ち、経済学の学術誌に論文を出し、大学の経済学部で教員をしている。ぎりぎり経済学者と言っていいはずだ。だが、最初に挙げたような問題への解答を教わったことや学んだことがない。この本では、プロの経済学者の末席を汚している私が、資本主義の未来像についてフワフワした想像をしてみたい。

※1　Edward Wadie Said（1994）*Representations of the Intellectual: the 1993 Reith Lectures*. Vintage.（エドワード・サイード『知識人とは何か』大橋洋一訳、平凡社、1995年）しかし、こんな風に開き直っていると「研究者としてオワタｗｗｗ」みたいな反応が「プロ」の同業者から返ってくること請け合いである。なので、この本は私が研究者として終わるための本でもある。

※2　Robert L. Heilbroner（1999）*The Worldly Philosophers: The Lives, Times, And Ideas Of The Great Economic Thinkers*（7th Revised edition）. Touchstone.（ロバート・L・ハイルブローナー『世俗の思想家たち――入門経済思想史』八木甫、浮田聡、堀岡治男、松原隆一郎、奥井智之訳、ちくま学芸文庫、2001年）

第0章　泥だんごの思い出

こんな記憶がある。小学校一年か二年くらいの頃、泥だんご作りに心血を注いでいた時期がある。できるだけ丸く、硬く、滑らかに表面を磨き上げ、最後に細やかな砂粒をまぶす。妥協せずに突き詰めれば、金属と見紛《まご》う球体が仕上がってくる。この芸にはまことに限度がなく、泥だんご一つ作るのに何時間でも溶かすようになっていく。学校の裏庭や通学路をちょっと外れた裏道で作業して、日が暮れて品質を精査できなくなると家路に着く。

そうこうするうち、泥だんご工芸がまわりでも流行りはじめた。すると泥だんごが何かの価値らしきものを帯びていく。私は泥だんごの先駆者だったから、色とりどりの泥だんごを両手で数え切れないほど持っていた。真っ黒のだんご、きなこ色のだんご、小さな花壇で見つけた細かな白色石を埋め込んでどこまでも白に近づけただんご、マダラ模様のだんご。一つとして同じものはない。生き物かアートのように。机の中には泥だんごの標本箱があった。

泥だんご商人の一日は長い。傷モノの泥だんごの盛り合わせと見事なきなこだんごを交換する。デコボコや欠点のある泥だんごこそ好きだという物好きな同級生もいた。掃除当番を不出来な泥だんごと引き換えに請け負う。近所の売店で公式発売日の前日の夕方五時に週刊少年ジャンプを買うため、人相がひどく悪い女店主に白色のだんごをつけとどける。週刊少年ジャンプは透けない焦茶色のわらばん紙袋に入れて渡され、家に帰るまでは絶対に出すなと念を押された。泥だんごを量産するための部隊も編成した。その名もギューニュー特戦隊。空の牛乳パックにだんごを入れて運搬したことにちなんだ命名だ。小学生くらいのギャグセンスの寒さは独特である。

こうなってくると、泥だんごは生活アイデンティティの核になる。泥だんごコレクションの箱を家と学校の間で持ち歩くときは、周囲をキョロキョロ見ながら細心の注意を払った。つまずいて高価な泥だんごをコンクリートの道に叩きつけでもしたら一大事だ。黒い車が横を通ると、なぜかかつてなく警戒した。

だが、終わりは唐突に訪れる。泥だんご熱病が蔓延しはじめてから一ヶ月もした頃だったろうか。休み時間に教室の誰かがひょんな遊びをはじめた。二階か三階にある教室の窓から校庭に向かって泥だんごを放り投げたのだ。スーッとほんの一秒か二秒、磨き込まれた表面が空中でキラリと光を放った泥だんごは、そのまま地面で粉砕して小さな円を描く。どんな彩りの泥だんごも砕ければ同じような土色の模様だ。

この遊びが何かに終わりを告げた。あれほど大切にしていた泥だんごが窓際に雑然と並べられ、放り投げられるのを待つだけになった。熱病を吹きこぼしていた泥だんごはただの冷えた泥に帰した。私の宝石箱も泥で汚れたゴミ箱に姿を変えた。

冷たく潰《つい》えた思い出は、しかし、未来への着火剤である。「お金には色がない」とよくいう。お金は義理と人情に無頓着で、過去のいきさつに囚われない。慈善事業で手に入れた一万円札も詐欺恐喝で手に入れた一万円札も同価値である。それに逆らって、お金を泥だんごのように個性豊かに彩ることはできないだろうか。無味乾燥に数字を突きつけているお金ではなく、ひとつひとつ別の色や熱がこもった泥だんごみたいなお金で動く経済だ。

ただ、思い出の泥団子プチ経済をそのまま動かすのは大変すぎる。泥団子の製造も大変だし、大雨でも降って泥団子がベチャベチャになっちゃったら台無しだ。どの泥団子をどの泥団子と交換すべきかも難しい。いちいち悩み抜いて決めなくちゃならない。泥団子名人や泥団子製造網をたまたま作れたビジネスマンが現れると無双してしまいそうなのもまずい。一人勝ちを許してはいけない。勝負が際どく勝者と敗者が入れ替わったり、負けだと思ったら実は勝ちへの布石だったりする起伏がないと経済は人の心を摑みつづけられない。そして何より、泥団子で経済が成立するのは教室か家族かご近所さんくらいである。

泥団子クラス経済の精神はそのままに、もっと大規模で省エネで無人で小回りが利く泥団子経済はできないだろうか。デジタルでグローバルな泥団子経済だ。そんな夢を見てみたい。ただ夢を見る前に、まずは今ここの現実に立ち返る必要がある。

第1章

暴走

すべてが資本主義になる

「『お金で幸せは買えない』と言う人はどこで買えるか知らないだけだ」

——作家・詩人ガートルード・スタイン（1874年－1946年）

すべてが資本主義になる。あるいは、すべてが市場経済の契約になり、商品になり、取引になる。私はそう思う。なんだ、いきなり市場原理主義者の妄言かとうんざりされるかもしれない。そうだ。死人がゴロゴロ出るような、悪夢と現実の区別もつかなくなるような、徹底した資本主義と市場経済だ。

そんな22世紀へ飛ぶためには準備がいる。まずは今どこにいるのか、風はどちらに吹いているのか知る必要がある。現状認識は単純だ。資本主義が暴走している。その本質をますます大規模に、高速に、極端に露わにしている。そこからはじめよう。

資本主義とは何か

だがそもそも、資本主義とは何だろうか。この言葉を定義しなければ「すべてが資本主義になる」ことの意味も摑めない。実のところ「資本主義」という言葉は意外に若く新しい。フランス語、ドイツ語、英語で「資本主義」という言葉が用いられるようになったのは、19世紀後半のことに過ぎない。[※3] そしてそこから100年以上が経った今でも、定義が曖昧でグラグラしている。老人らしく辞書を調べるとこんなことが書いてある。

【資本主義】

「資本家が生産手段を私有し、労働力以外に売る物をもたぬ労働者の労働力を商

※3　Jürgen Kocka (2016) *Capitalism: A Short History*. Princeton University Press.（ユルゲン・コッカ『資本主義の歴史――起源・拡大・現在』山井敏章訳、人文書院、2018年、8頁）

品として買い、搾取によって労賃部分を上回る価値を商品を生産して利潤を得る経済。封建制に次ぎ現れた経済体制で、産業革命によって確立された。」（大辞林）

「資本財の私的所有または企業所有、私的に決定される投資、そして主に自由市場での競争によって決定される財の価格・生産・流通を特徴とする経済システム」（Merriam-Webster）

「各国の貿易や産業が、国家ではなく、営利を目的とする私的所有者によって管理される経済システム」（Oxford English Dictionary：ＯＥＤ）

わかったようでわからない。雲を摑むような説明である。「資本」とは何か、「生産手段」とは何か、「財」とは何か、何でないかがよくわからないからだ。でもちょっと考えると、この雲を摑むような摑みどころのなさ、よくわからなさこそ、資本主義の本質なのではないかと私は思う。「財」や「生産手段」や「資本」の中身が変幻自在に変わっていくこと、だんだん捉えどころがなくなっていくこと、そして固まった定義からひたすら逃れつづけること。それこそ資本主義の本性だからだ。何の話をしているのか、フワフワとした気分や印象だけ持ち出してもしょうがない。いくつかの体験と事実からはじめてみよう。

寓話1：私は詐欺師

こんなニュースを見た。

【投資名目】60代女性が特殊詐欺2億1000万円被害 福岡県内で最高額

女性はSNSで知り合った「成田さん」と名乗る人物から投資の知識や方法を教わり、指示された実在の投資サイトに口座を登録。複数の口座へ送金を指示され、計2億1052万8458円を振り込んだという。

ちょっと前まで、FacebookやInstagramなどのSNSにこんな広告が躍っていた(図1 2024年冬時点ではだいぶ落ち着いている模様で、すぐに苦情を言う民間人の代わりに皇室の方々などが使われているらしい）。

まず警告する。これっぽい広告はみんな無断で違法のなりすまし詐欺広告である。万が一周囲に私や他の怪しげなインフルエンサー（笑）にＬＩＮＥか何かで投資指南を受けているというお知り合いやご家族がいらしたら、すぐに全力で止めてほしい。

何の話なのか。詐欺やなりすましはやめよう気をつけよう、事業者もＳＮＳで金を稼ぐなら違法詐欺広告の取り締まりくらいちゃんとしろというしょうもない話だ。で

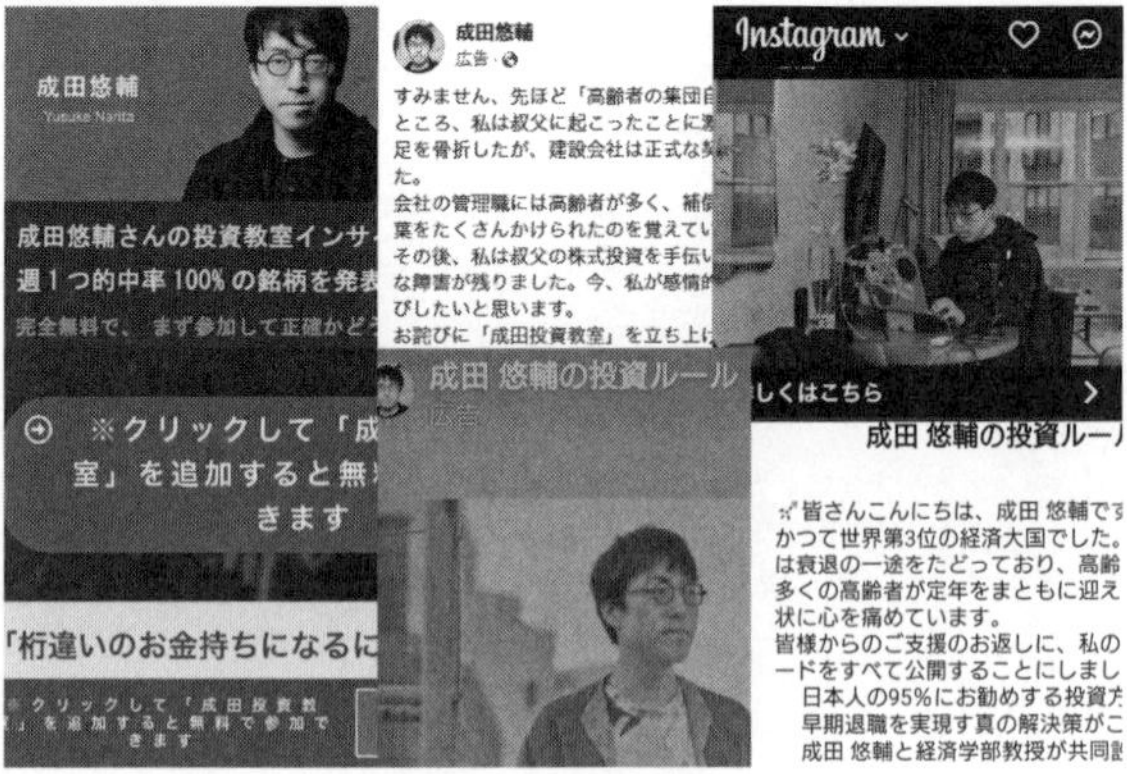

図１　なりすまし詐欺広告 powered by AI

ももうちょっと踏み込んだ捉え方もできる。生身の人も物も介さず、スカスカペラペラの詐欺情報に人間が億単位の金を貢ぐ。なりすましアカウントの多くがChatGPTか何かの生成ＡＩで作られているらしく、独特のぎこちない言葉づかいで迫ってくることがますます感慨深い。

ここにあるのはＡＩたちが織りなす無人で無形な資本主義の醜い原形。そしてその養分に堕ちた生身の人間たちの終わりの始まりである。

寓話２：金vs.株

こんな風にお金が流れる経済とは奇怪な場所である。しかしそもそも市場経済とは何だろうか。商品やサービスの需要と供給を調整して誰が何を作るか作らないか、やるかやらないか、手に入れるか入れないかを決める装置である。そのために市場はよく商品やサービスに値段をつける。商品やサービスも様々だ。たとえば純金を考えよう。そこには目で見て手で触れる物理的実体があり、今ここでわかりやすい経済的利益や流動性を与えてくれる。だから人は世の中の先行きが見えず不安になると金を買う。私も子どもの頃からの貧乏性で、金の延べ棒を握るとシャブでもやったみたいにホッとする。

もうひとつ、株式を考える。株式は物理的実体のない権利である。未来に生まれるかもしれない経済的利益を無理やり現在価値に置き直して証券化し、今ここで価値があるということにしようとみんなで決めた危なっかしいものだ。そして今ここよりも将来に向かって価値を爆発させるかもしれないものである。今ここでの価格や流動性だけを求めて現金や純金より株式を買う人はいない。

金と株――水と油のように異質である。異質な両者の市場価格を比べてみよう。世界中に存在するすべての純金の時価総額の合計と、世界中に存在するすべての上場企業の時価総額の合計を比べる。今から半世紀近く前、金と株は同じくらいの時価総額だった（それぞれ約2・5兆ドル）。それが最近では様子が違う。株式がぶっちぎってちょうど10倍くらいになっている（金が約12兆ドル vs. 株が約115兆ドル）。この比較は全純金と全株式の比較だが、一定の重さあたりの純金の価格と上場企業一社あたりの平均時価総額を比べても同じ結論になる（図2）。ここ数十年、金の価格より株の価格が圧倒的に早く伸びている。※4

この背後にはもちろん様々な要因がある。ただ一つの解釈はこうだ。金のようにいま目の前で見て触れる便益をくれるものより、株のように目に見えぬ未来に価値を爆発させるかもしれないものの市場価格が膨張している。現在は現実であり、未来は幻想である。だから現実よりも幻想の価格が高まっていると言ってもいい。この仮説を

※4 本当は金だけでなく他の物とも比べたい。ダイアモンド、銀、プラチナ、石油などだ。だが難しかった。ダイアモンドと一口に言ってもキャラットや質・色によって値段がまちまちで、単位あたりの値段や全ダイアモンドの総額は計算しにくい。石油や銀は生もので時間とともに劣化するのが厄介だ。より本格的な物と株の比較はどこかの誰かに丸投げすることにする。

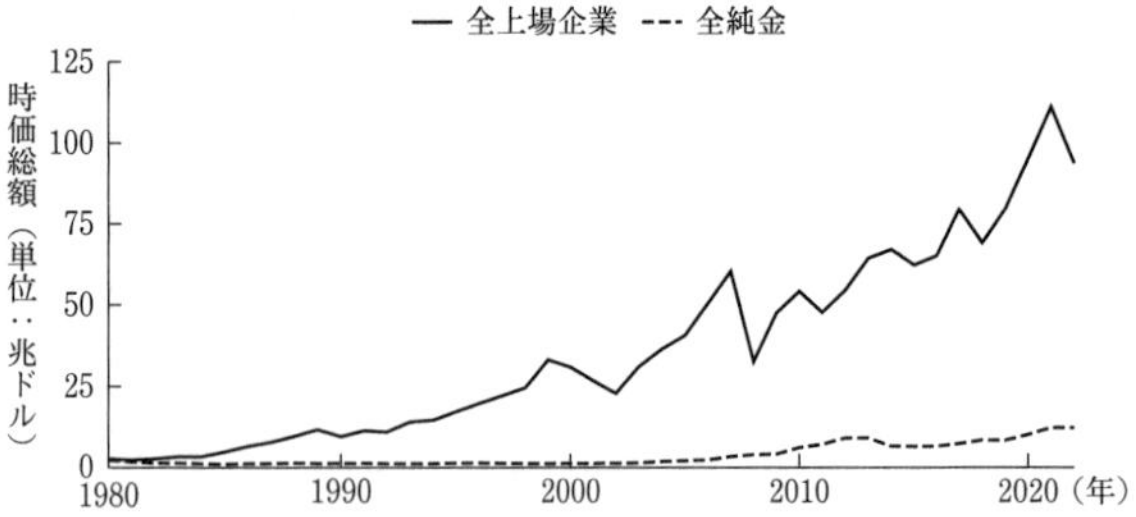

(a) 全純金 vs. 全上場企業の株式時価総額

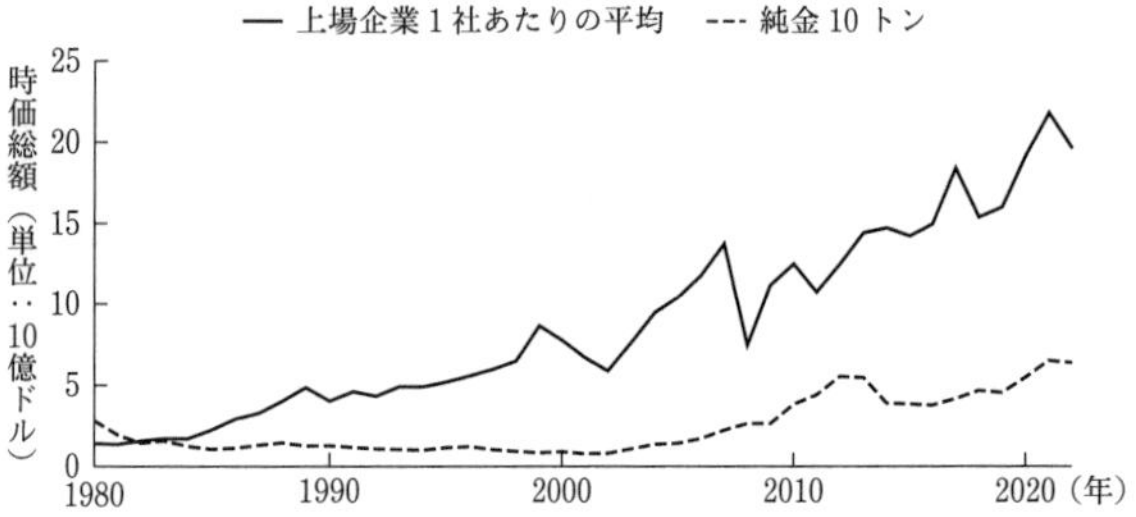

(b) 一定の重さあたりの純金 vs. 上場企業１社あたりの株式時価総額

図２ 金 vs. 株
※5

支えるもう一つの事実・データを見てみよう。

寓話3：売上ゼロの1兆円企業

十分に発達した経済は魔法と区別がつかない。「汎用《はんよう》魔法」という名の会社がかつてあった。今でいうスマートフォンを世界ではじめて構想し製品化、そして華麗に失敗したGeneral Magic社である。失敗製品さえできるずっと前、まだ構想と素描しかなかったGeneral Magicは1995年2月にNASDAQ《ナスダック》に株式上場した。利益はおろか売上はおろか製品さえなかったにもかかわらず、時価総額は数百億円（当時）になった。現在でいえば数千億円から1兆円に相当する時価総額だ。世界ではじ

※5　以下のデータに基づく。
World Bank Group: Market capitalization of listed domestic companies（current US$)
GoldBroker.com: Gold's Stock Value and Bitcoin's Market Cap
voronoi: Global Gold Market Capitalization Hits US$ 15 Trillion in March 2024
statista: Mine production of gold worldwide from 2010 to 2023

めての「コンセプトだけの上場（Concept IPO）」と言われる。※6

あれから30年。こんな魔法のような物語を想像してほしい。「売上ゼロの赤字企業ですが、今後に向けてがんばってます。そこで今度株式市場に上場しました。すると時価総額が1兆円になりました」。いまの日本の経済感覚では、ちょっとマンガやドラマでもありえなさそうな設定に聞こえる。

けれど、そんな奇怪な会社がゴロゴロ生まれてるのが世界、特にアメリカの株式市場だ（図3）。２０００年前後のインターネット・通信、そして最近の製薬・バイオテ

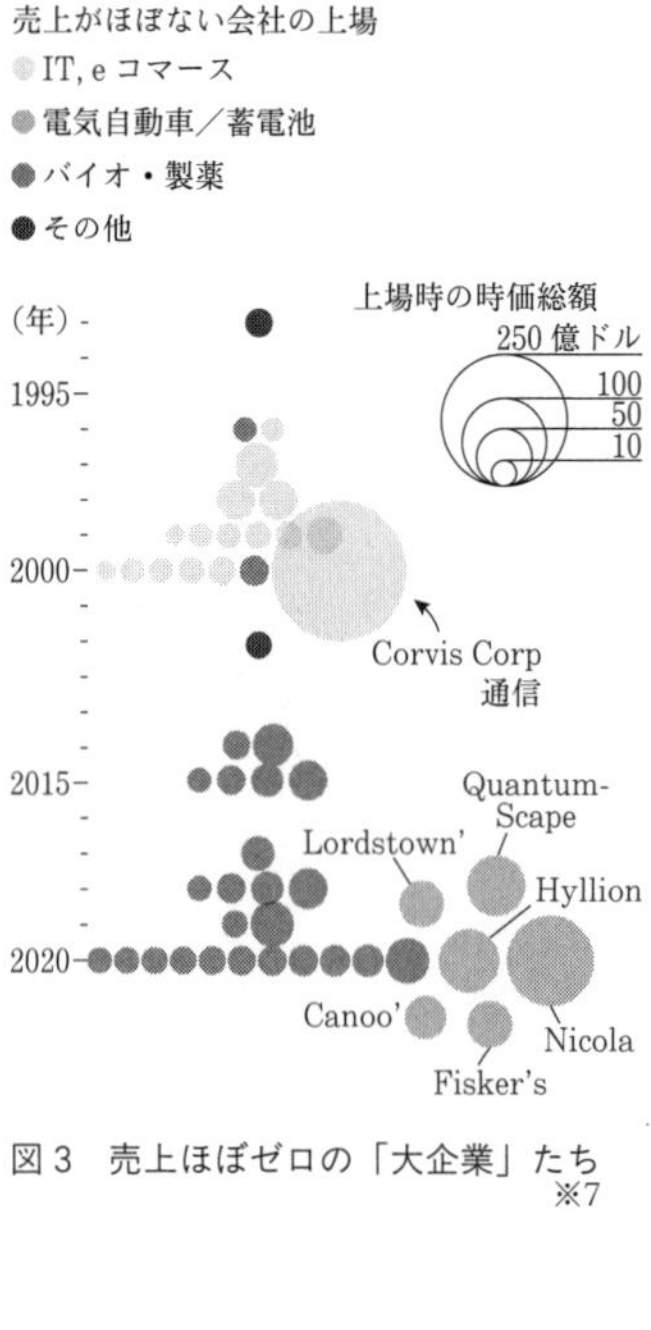

図3　売上ほぼゼロの「大企業」たち※7

ックや電気自動車、それに付随する次世代蓄電池――こうした領域では売上がほぼゼロで赤字上場して数千億円以上の時価総額がついた企業がゴロゴロある。これらの中には賛否両論の多い（というか詐欺まがいも多い）特別買収目的会社（Special Purpose Acquisition Company：SPAC）も多いが、それだけではない。

未来がインフレし、現在がデフレしている。少数の異常値だけではない。世界や一国の株式市場全体を眺めて

※6　映画 *General Magic* (https://www.generalmagicthemovie.com)
※7　"Electric-Vehicle Startups Are Wall Street's Hot New Thing. No Revenue? No Problem." *Wall Street Journal*. October 21, 2020.
※8　以下のデータに基づく。
World Bank Group: Market capitalization of listed domestic companies (current US$)
World Bank Group: GDP (current US$)

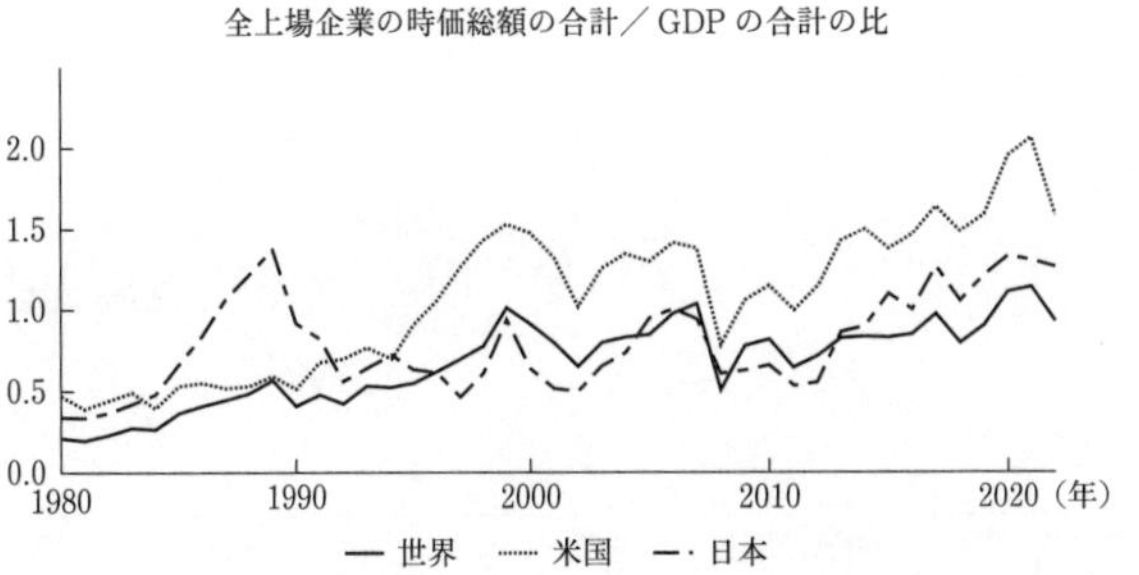

図4　GDPを置いてけぼりにする株式時価総額
※8

もそうだ。世界の全上場企業の総時価総額と世界の総ＧＤＰを比べてみる。すると、総ＧＤＰと比べた総時価総額がどんどんと増えている（図4）。世界全体でもアメリカでも日本でもそうだ。もちろん時価総額とＧＤＰを比べるのは雑だし変だ。ただ、時価総額が企業の将来の収益の割引現在価値を表す一方、ＧＤＰは現在の経済活動が生み出す

株価収益率（PER）

— 米国（S&P500 指数の構成企業）　…… 世界（世界の上場企業 3,000 指数の構成企業）

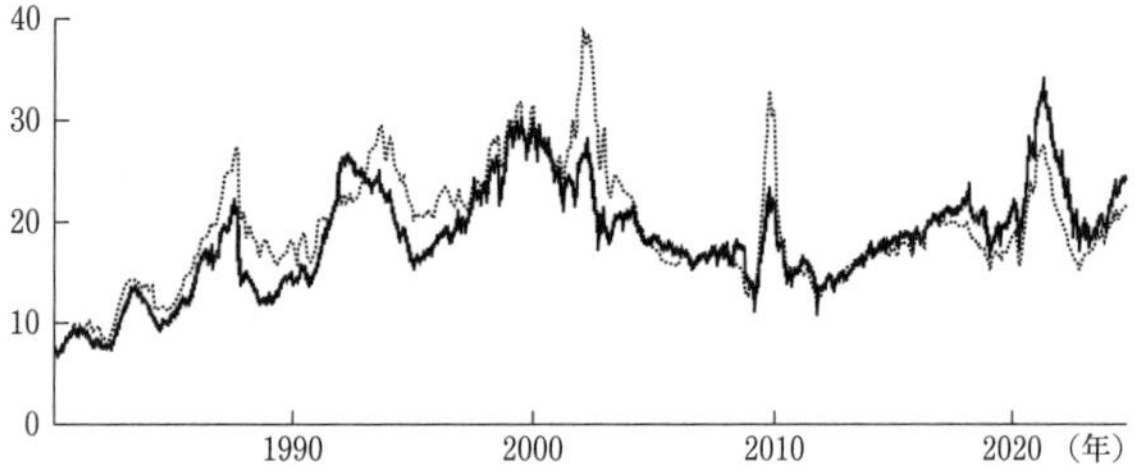

各指数構成企業の時価総額を直近 12 ヶ月の純利益合計（マイナス含む）で割った値、データは siblisresearch に基づく。

インフレ調整済 10 年移動平均の株価収益率

— 米国（S&P500 指数）　…… 世界（世界の上場企業 3,000 指数）

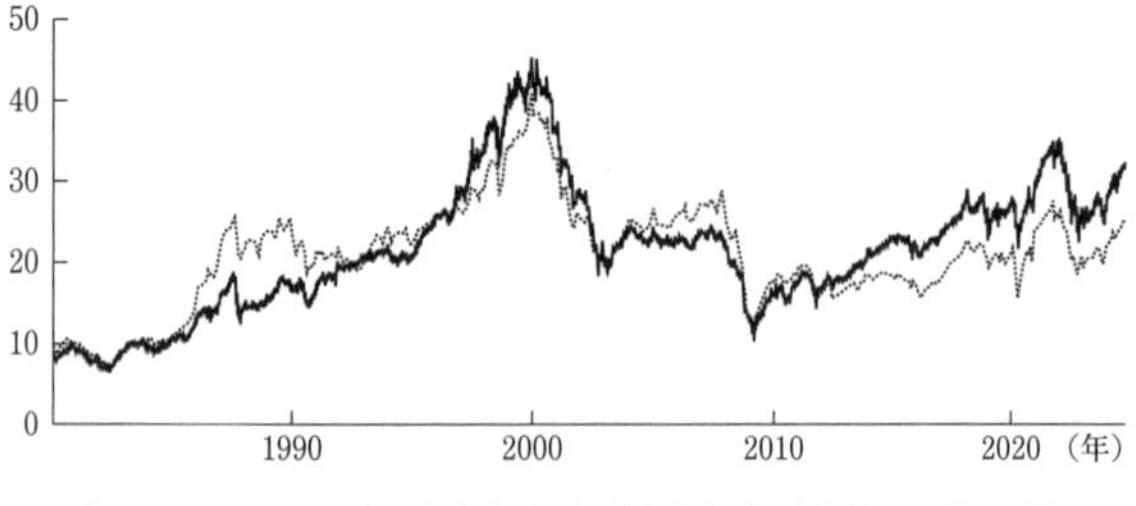

図５　じりじり上がる株価収益率（時価総額／現在の利益の比）

付加価値を表す。だから比の値自体にわかりやすい意味はないが、未来のまだ存在しない経済活動の価格が現在すでに存在している経済活動と比べて上がっている、とは言えそうだ。

株価や時価総額だけを眺めても、似たことが起きている。時価総額／現在の利益(株価収益率、Price Earnings Ratio：ＰＥＲ)や時価総額／現在の売上(株価売上率、Price To Sales Ratio：ＰＳＲ)がじりじり上がっている(図5)。世界でもアメリカでもだ(が、日本は例外でバブル崩壊以後横ばいである)。今ここでの売上や利益と比べた未来への期待の価格が上がっている。

その結果、企業の株価・時価総額を今ここの収益や目の前にある資産の保有額で説明することがどんどん難しくなっている。これは企業活動の過去・現在を正確に記述しようとする会計(学)の「終わり」だという主張さえある。[※9] 未来に向けた夢物語で

※9　Baruch Lev and Feng Gu (2016) *The End of Accounting and the Path Forward for Investors and Managers*. Wiley.

膨れ上がった巨大な風船企業群が象徴するのもまた、現在での実体より未来への期待を商品化できてしまう資本市場の機能の極端な表れである。※10

寓話4：ブランドが世界を食べる

ココ・シャネルはかつてこう言った。「ラグジュアリーとは必需品が終わったところで始まる必需品である」。ラグジュアリーなポジショントークである。

パリのファッションウィーク（パリコレ）に野次馬見物にいくことがある。言われなくても場違いなのはわかってる。世界中から招かれた100くらいのブランドがパリ市内を縫ってショーを繰り広げる1週間には、日本からもイッセイミヤケ、コムデギャルソン、ヨウジヤマモトをはじめ10ほどのブランドが参戦している。私と同世代の30－40代のデザイナーのブランドもいくつかある。

封建社会や年功序列の象徴にも見える。若いブランドから先陣を切り、古参の大御所ブランドが奥に構えるその布陣がだ。実際、シャネルなどハイファッションの頂点に立つブランドの顔ぶれは、半世紀前も今もほぼ変わっていない。毎シーズン絶えず流れ行くことを運命づけられたはずのファッション（＝流行）産業で、市場参入規制もないのに頂点が長く独占されつづけているのは自己矛盾にも見える。なぜなのか？答えがわかった方はこっそり教えてほしい。※11

ハイブランドが資本主義を煮詰めている。21世紀に入ってから彼らの商品のインフレがすさまじい。ここ5年（2019－24年）でエルメス、グッチ、シャネル、プラダ、ル

※10　国家も膨れ上がる未来への幻想に寄りかかっている。今ここでのGDPと比べた政府支出の割合がOECD諸国で爆増している。

※11　「ブランドや知名度は長い時間をかけないと築けない」「すでに大きいブランドほど無尽蔵に広告を打てる」は答えになっていない。すでに蓄えた収益の暴力で広告を打ちまくれば地位を保てるのなら、他業界でもトップ企業が何十年も変わらないはずだ。が、もちろんそうなっていない。30年前に栄華を極めた日本企業の今を見れば分かるように、むしろ栄枯盛衰が産業の常である。富めるものがますます富むだけではない何かが働いているはずだ。

イ・ヴィトンの核商品が34〜111%も値上がっているという。[※12] ブランド名とロゴによる合法ぼったくりの時代にも見えるし、ハイファッションが消費する商品から投資する資産へと変貌しているとも言えそうだ。ブランドの商品化から資本化への移行である。

個々の商品だけではない。企業としての市場価格も膨張中だ。ルイ・ヴィトンを中心とする服飾、宝石、時計、ワインなどのハイブランド複合体ＬＶＭＨ（Moët Hennessy Louis Vuitton）の時価総額がトヨタやソニーをはるかに超えているのは暗示的だ（２０２４年12月に３１５０億ドルで50兆円超）。そして、複合化し大型化するＬＶＭＨと真逆の流儀を貫き、家族経営と職人仕事の徹底を突き進めるエルメスの時価総額もまた、爆発している（２０２４年12月に２４３０億ドルで35兆円超[※13]）。

安く便利で良い物を今ここで与えてくれるだけの企業より、雰囲気や価値観、優越感や高揚感など、いわく言語化・数値化しがたい事を与えてくれる商品と企業の市場価格が高まっているのかもしれない。物は枯渇するが事は枯渇しない。事に基づく資本主義は無限大の新大陸を発見したに等しい。

※12 "Reality Check: Luxury's Price Hikes Are Unsustainable." *The Business of Fashion* (BOF), 03 May 2024

※13 そもそも複製量産困難なくらい高品質だからこそ価値があり、稀少であることがブランドの必要条件だから大量生産もすべきでないハイブランドは、規模の経済の真逆をいく存在である。だからこそ、最高品質ブランドには家族経営の非大企業が多い。それは宿命だと思われていた。その発想を逆転したのがＬＶＭＨだ。ＬＶＭＨが証明したのは、個別ブランドには働く規模の逆経済が、ブランド群を束ねるポートフォリオとしては強力な規模の経済に転換できるという論理だ。領域横断的に多数のハイブランドを束ねることで、調達・製造・人材・広告・店舗などあらゆる局面で他のブランドには不可能な規模と幅の投資と協業ができ、規模の経済を働かせることができる。個別ブランドとしての稀少性とブランド群としての大規模化の二兎《にと》を追うことに成功した。一方、エルメスは誰にも追いつけない質の追求を通じて唯一無二の単独ブランド性を徹底し、単一ブランドを極限まで巨大化することに成功した。ＬＶＭＨ内のブランドたちが芸能人・インフルエンサーマーケティングを駆使するのに対し、エルメスは芸能人・インフルエンサーのアンバサダーを掲げたことがただの一度もないことでも対照的である。ＬＶＭＨとエルメスの企業史とその比較については以下とその参考文献が詳しい。
LVMH: The Complete History and Strategy. Acquired Podcast（2023）Season 12, Episode 2
Hermès: The Complete History and Strategy. Acquired Podcast（2024）Season 14, Episode 2

寓話5：0→4兆円→0

世にも奇妙な物語に巻き込まれかかった。2018年春ごろ、韓国人の知り合いが暗号通貨を作ろうとしていた。暗号通貨はコンピュータプログラム・コードの塊である。コードやその精神を説明した文書を読まされて、議論（というか雑談）相手をしていた。[※14] 時間がなく怪しげでよくわからなかったこともあり、私自身はその暗号通貨事業に深入りすることなく幽霊部員化。その後数年間は彼と連絡をとることもなくなっていた。

次に彼について聞くことになったのは2022年の春ごろだった。驚くべきことに、つい数年前には無だったその暗号通貨は時価総額が4兆円を超える規模になっていた。その暗号通貨の多くを所有する彼のチームの資産も数千億円を超えていた。

しまった、いっちょがみしていれば100億円くらい手に入ったかもしれないと深く後悔していたその数ヶ月後、さらに驚くべきことが起きる。4兆円の時価総額が一週間ほどの間にほぼ完全に崩壊したのだ。投資家に莫大な損失を与えた彼は数え切れない訴訟の対象となり、ついには韓国当局とインターポール（国際刑事警察機構）から国際指名手配される。一年近く逃亡していた彼は、2023年3月モンテネグロの空港から偽造パスポートでドバイへ飛び立とうとしていたところを逮捕される。2024年には米国SEC（証券取引委員会）に対し45億ドル（6000億円以上）の罰金を科されたと報じられている。※15

※14　当時（現在も?）の暗号通貨の問題の一つは価格が乱高下することだった。今日決めた取引を明日実行するときに価格がどうなっているかわからない不確実性にわざわざ飛び込みたい物好きな人や企業は稀だろう。だから暗号通貨で決済をするのは怖い。取引手段という通貨の機能の一つを果たすのが難しいという課題を暗号通貨は抱えていた。この欠点を乗り越えたい。そのため、価格が安定する仕組みを内蔵した暗号通貨を作ろう。そんな「アルゴリズム的に価格安定な暗号通貨」を作るのが彼の野心だった。結果としての崩壊も、価格の安定性を保つ仕組みに脆弱性が見つかり、一部の投資家に攻撃されたためだと言われている。

※15　"Do Kwon's Crypto Firm Agrees to Pay $4.5 Billion Penalty to SEC." *Wall Street Journal*, June 12, 2024.

暗号資産は爆誕と崩壊を繰り返している。2009年に誕生した現在15歳のビットコインの時価総額は2兆ドル、300兆円を超えている。2015年に誕生して10歳に満たないイーサリアムも4000億ドル、60兆円を超えている。すべての仮想通貨の時価総額の合計は3・3兆ドル超で、500兆円を優に超えている（すべて2024年12月現在）。つきつめれば身元不明者やヨレヨレTシャツの若者が書いたコードに刻まれたルールでしかない幻想に10年、20年で数百兆円の時価総額がつく。

東京のタワマンも、純金も、アップル株でさえ足下にも及ばない成長率——人類の歴史上もっとも利益率の高い資産でありスタートアップである。すでに見た赤字企業の時価総額の爆発と似て、未来に向かって新しい経済的生態系を作り出してくれそうな何かに巨大な価格がついたり剝がれたりするようになった。そこにあるのは革命と詐欺のマリアージュである。

怪しい占い師としての資本主義

未来、ブランド、暗号、なりすましＡＩ――雲を、夢を摑むような幻だと思われるかもしれない。たしかにそうだ。しかし、こうした幻想性は資本主義市場経済の起源からずっと付きまとってきた生まれながらの体臭である。胡椒、ＳＮＳ、ピラミッド、広告、チューリップ、金融派生商品、大仏、スマホ、茶の湯、ファンクラブ、占い、宇宙旅行……なんでもいい。これらはすべて、歴史のある時点までは存在せず、誰の目も引かず、何の値段もつかないものだった。

こいつらに幻想と慣習を超えた最もプリミティブで、最もフィジカルで、最もフェティッシュな価値があるのかと問われると、怪しいだろう。ないと人が死んでしまうものは一つもない。今では値段がつくのが当たり前の様々な商品やサービスも、値段の根拠はグラグラでスカスカである。値段がある状態が長く続いたから価値があるに違いない、とみんなで思い込んでいるに過ぎないと言えば過ぎない。この本にお金を払ってくれたあなたも十分に妄想家である。

資本主義経済はやたら口がうまい営業や占い師みたいなものだ。ここまで触れてきた新しそうに見える事実群もそうである。資本主義の一番基本的な機能——その歴史の起源からずっと存在してきた資本主義の幻想性の極端で大規模で高速なあらわれに過ぎない。資本主義はますます実体なしで、スカスカで、不可触になっている。「資本なき資本主義」がますます幅を利かせているといってもいい。※16

価値があるとまだ人々に思われていない物や事を拾い上げ、そこにまだ見ぬ価値が眠っているという物語をぶち上げる。物語がどれくらい腑《ふ》に落ちるかは、それぞれの時代や土地の文化や価値観、技術・情報環境が決める。物語が少数の、しかし十分に多くの人々を説得すると潮目が変わる。新しい何かに価値があるとみんなが思い込みはじめ、それを使ったり拝んだり狂ったりし、終わりなく増刷されるお金をその何かに流し込み消費し投資する。すると、予言の自己成就的に新たな市場価格が実現してしまう。根源的な価値ではなく表面的な行動で価格が決まる資本主義経済は太古からそういうものだ。新たな市場価格の絶えざるでっちあげ機関である。紀元前にすでに「ローマではすべてが売り物である」（ガイウス・サッルスティウス・クリスプス　紀元前86年－紀元前35年）と言われたように。

だからこの本では、変幻自在に中身を変化させながら有象無象の有形無形な未開拓領域を商品にし稼いでいく運動をざっくり「資本主義」と呼ぶ。そして資本主義を実行するために商品に値づけし売り買いし分配していく私たちが慣れ親しんだ仕組みを「市場経済」と呼ぶ。「お金」「貨幣」「通貨」などは区別せずに使う。ざっくりすぎると思われるだろう。私もそう思う。しかしざっくりしたものを分析して想像してるんだからしょうがない。

※16　Jonathan Haskel and Stian Westlake（2017）*Capitalism Without Capital: The Rise of the Intangible Economy*. Princeton University Press.

時間と意味の新大陸

もう一歩踏み込もう。市場経済が値段をつける商品やサービス、事や物は色々である。いくつかの軸で分類してみよう（図6）。

まず、いつ価値が生まれるかという時間軸で分類できる。今ここで価値を生み出してくれるものもあれば、将来に価値を生み出してくれるかもしれないものもある。価値の中身も多彩だ。わかりやすい便利さや経済的利益、流動性を与えてくれるものももちろんある。それとは違い、何の便益を与えてくれるのかよくわからないが、なぜか価値があるっぽい気分がしてしまうという価値もある。二度と再生できないかけがえのない歴史に触れたような感覚、体が軽くなって心

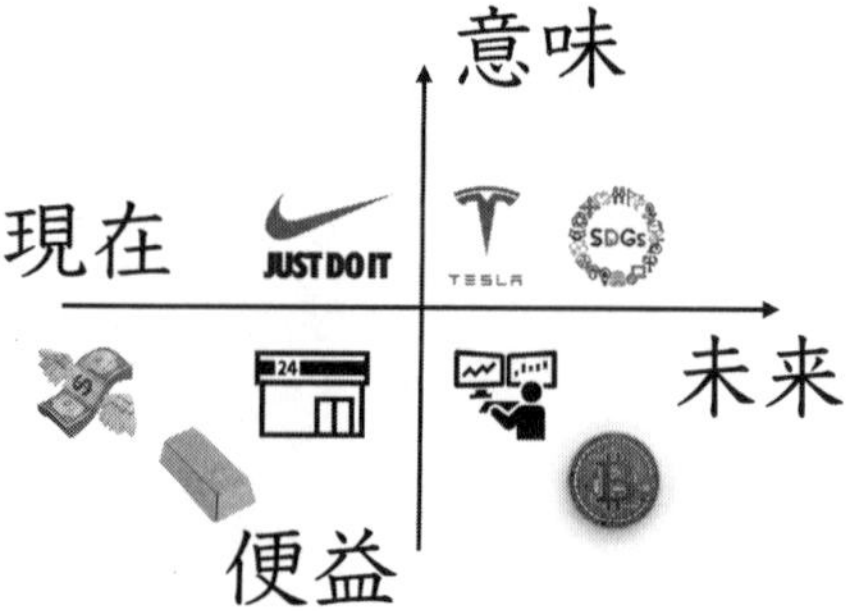

図6　時間×意味による価値の分類

と体が躍り出すような感覚、いい感じの雰囲気や高級感で庶民とは違う階層に上がったような感覚、世の中にいいことをしているという手ごたえを与えてくれる感覚もある。価値の時間に加え、そういう価値の中身でも分類できる。

具体例を考えよう。今ここでわかりやすい経済的流動性や利益を与えてくれるものの代表は純金や現金である。すぐに便利さを与えてくれるものの典型は、コンビニやスーパーに行けば並んでいる。ちなみに私は業務スーパーのファンである。庶民派に見えて海外の缶詰セレクションが異常に充実していたりするのが乙である。成城石井は値段だけ立派な割に、惣菜生鮮食品がまずく感じる。

時間軸を未来の方に向けてみる。将来わかりやすい（不）利益を生み出してくれるかもしれない存在も身近に多い。すぐ思い浮かぶのは金融・保険・投資商品群だろう。今ここで流動性や利益を犠牲にする代わり、将来には利子や利益率が乗っかって返ってくる。損失や破綻が返ってくることももちろんある。現在の利益と未来の利益を交換する技術が金融だ。

金融の鬼っ子が株である。未来に実現するかもしれない物や事をスケッチやポエムで描く。ふたたび、十分に多くの人々の期待や資本を誘惑できればその期待そのものが現在の株式市場の中で値段を持ってしまう。予言の自己成就的な未来の価値の先取りのための道具を人類は様々に作ってきた。その代表が株式会社である。そこに暗号資産という新たな鬼っ子も加わった。


とはいえ、人類の歴史がこれだけ積み重なってくると、わかりやすい便益は掘り尽くされてくる。コンビニに行けば中世の王族より快適で清潔で美味な生活が手に入るし、金融・保険・投資商品も開発できるものは開発され尽くし、だんだん曼荼羅《まんだら》のように複雑になって詐欺と区別がつかなくなったりする。

だから、わかりやすい便益とは異質な、新しい価値が台頭してくる。雰囲気や意味だ。古典的な例がブランドだろう。寓話4のハイファッションだけではない。虎屋という名前を聞くだけで、Nikeのロゴを見るだけで、砂糖の棒やゴムの靴に何かえもいわれぬ深い価値があるような感覚に襲われる。数百年に及ぶ歴史と伝統がその雰囲気を下支えしていたり、ブランド名やロゴが象徴する物語やメッセージが燃料になっていたりする。

たとえば世界一有名な広告コピーであるNikeの"Just do it." この言葉は有名アスリートの名言ではない。意外にもある死刑囚の最後の言葉に由来する。[※17] とっとと殺《や》ってくれということか。その言葉を転用したNikeの最初の広告（1988年）の登場人物も、有名アスリートではなかった。サンフランシスコのゴールデンゲートブリッジを毎日20㎞以上走る80歳の老人だった。[※18] 死にゆく死刑囚から今を生きる老走者へと同じ

※17　映画 Art&Copy
※18　Just do it. の文句を使った最初のＣＭの経緯についてはFriedrich Von Borries（2004）*Who's Afraid of Niketown? Nike-Urbanism, Branding and the City of Tomorrow*. Episode Publishers. ＣＭの動画もYouTubeなどに

言葉がバトンタッチされる。"Just do it."は有名と無名を乗り越え、残り時間の有無を乗り越え、善と悪を乗り越え、生と死を乗り越える。ただ何かをやる今ここへの讃歌がNikeのロゴにかけがえのない躍動を与える。

ブランドを支えるのは過去の歴史や現在の躍動だけではない。未来の描像に支えられるブランドも増殖している。たとえばテスラをはじめとする電気自動車会社を考えよう。テスラの時価総額はトヨタ、というか日本の自動車産業全体をはるかに凌《しの》ぐ。今ここでの売上や収益を見れば比べるべくもなかったときからそうである。その時価総額の爆発を下支えしたのは、未来に向けた社会的意味の躍動感だろう。車をスマホのようなネットワークサービスの端末として再定義し、ギガキャストやギガファクトリーで生産工程も再発明する。そうして生まれる新種の自動車産業が社会や生活の持続可能性を象徴したものになるという期待だ。未来駆動ブランドである。

未来駆動ブランドのさらに極端な例もある。ESG(Environment, Social, Governance)

やSDGs（Sustainable Development Goals）だ。もはや特定の商品でもなければ企業でもない。ESGやSDGsの名を冠した言葉列やロゴそのものがまとう別の未来へ向かう予感が巨大な市場価格を持ってしまう新種の広告産業である。その予感は空疎でよく、実現するかどうかは二の次だ。というか、目標が実現できない方が産業として持続的である。実際、SGDsの目標群は当初の締切だった2030年までの実現には程遠い。

話を整理する。価値を(1)時間と(2)意味の二軸で分類する。すると、左下の現在×便益の側から右上の未来×意味の側へと市場価格の重心がズレて行っている。そういう印象がある。未来を手探る株式の価格が今ここで摑める純金の価格を置いてけぼりにしている（寓話2）。現在の収益の保証より未来の収益への期待が時価総額を駆動している（寓話3、5）。期待は時にただの詐欺だけれど（寓話1）。ロゴやブランドや物語や

転がっている。おそらく違法アップロードだが、「ルールは破れ、法律とは戦え（Break the rules: fight the law）」を初期の社是としていたNikeのCMを観るには違法アップロードがお似合いな気もする。

ミッションこそ巨大な市場価格を獲得する（寓話4、5）。こうした事例やデータがその印象を強めてくる。[※19]

計算・情報・物事

あらためて資本主義とは何か？　定義はない。定義できない変態性が資本主義だ。資本は常に未開拓領域を食べ、価格と利益を排泄し、中身を変化させながら肥える。その変化と増殖こそが資本主義の本質である。未来×意味へ侵食する資本主義は今もう一つのフロンティアを食べつつある。データだ。私たちがどんな人で未来にどんな意味を感じたり考えたりして何をしそうかを表す情報である。

「代替できないトークン」（Non-Fungible Token: NFT）の爆発を思い出そう。2021年頃の喧騒を覚えているかもしれない。表面的ニュースのレベルでは、Twitter 創業者ジャック・ドーシーの2006年の初ツイートが3億円で売れ、どこにでもある猿のイラストにしか見えない「アート」に六本木のタワマン以上の値がつき、アーティストBeeple《ビープル》のデジタルアートのNFTが75億円で売れた。アートをはじめ創作業界を困惑させた新たなバブルがNFTだった。そのバブルは崩壊し、数年前にいっちょがみでとりあえず作ってみたNFTのほとんどは今ではデジタルゴミと化している。だがそれは些細で短期的な浮き沈みだ。歴史はいつもゴミと屍《しかばね》を乗り越えて進む。

NFTとは何か？　用語集的に解説するなら、いくらでもコピー可能なデジタルデータなのに「そのデータは他のコピーとは違うそのデータそのものだ」という唯一無二性（非代替性：Nonfungibility）を証明することがなぜかできてしまう技術である。唯一無二性の証明はブロックチェーンにより行われ、ツイートであれデジタルアートであれ、デジタルデータの所有者のアドレスなどを確立・記録し、そのデータに対する所

※19　現在の市場独占は古典的な価格や利益だけではなく、顧客の時間や注目、株式市場における時価総額を中心に生じている。現在の収益より、将来生まれるかもしれない収益への幻想が独占を下支えしている。幻想や期待値、ブランドの独占に対する規制が必要なのかもしれない。

有権のような権利を築くことができる。

ＮＦＴは資本主義に新領域への橋を渡す。デジタル化できるものはすべてデジタル化される流れを推し進めるからだ。デジタル化は、してもしなくてもいいただの好みや選択肢ではなく、ＩＤや権利を守りたければ進めるしかない不可欠な手続きになっていく。そして、デジタル化されたものとはつまるところデータである。この潮流はしたがって、データ化できるものはすべてデータ化されることも意味する。

情報・物事・心身――デジタルデータ化できるものはすべてデジタルデータ化されていく。ゆくゆくは銀河系までデータベースが包み込むかもしれない。インターネットの初期構想が銀河間を繋ぐ情報物質生命ネットワークだったことが暗示するように。[※20]

もちろん、あらゆるものが突如一気にデジタルデータ化されるわけではない。いくつかの段階を踏む。すでに触れたアート界でのＮＦＴバブルが象徴するように、まずはあらゆる情報・コンテンツ・ＩＤのデータ化が起こる。ソフトな情報はすでにほぼデータだからだ。

そして続くのがＩｏＴ（物のインターネット）化した物のデジタル化だろう。スマートデバイスから家具家電、建物から都市まで、ウェブに繋がれデジタル世界にデジタルツイン（電子双子）として複写され、計算機網に操作されるハードな物もすでに半分データである。

しかし、本番はその後に訪れる。あらゆる事のデータ化が起こる。あなたが街角でしたいいこと、私がカフェで言ったまずいことがセンサーに捉えられてデータに変換され、ＩＤや所有権が確定され管理されていく。その端緒は中国をはじめ一部の監視社会で起きている。

※20　J. C. R. Licklider（1963）"MEMORANDUM FOR: Members and Affiliates of the Intergalactic Computer Network." ARPA（Advanced Research Projects Agency）.
M. Mitchell Waldrop（2018）*The Dream Machine*. Stripe Press.

お祭り騒ぎのインターネット

事の目玉はイベントである。音楽のライブでも地元の盆踊りでもいい。ライブ体験やお祭りごとはデジタル化やウェブ接続と相性が悪いと思われてきた。なにせ生である。遠くから漂ってくる音の群れ、すれ違う表情と匂い、もれでる光とともに届く揺れ——そういった事たちが渾然一体でぐちゃぐちゃに混じりあった体験は、文字なんて無味乾燥なものじゃ伝わらない。画素や音波のデータでもこぼれ落ちちゃうものが多すぎる。だから書を捨てよ、町へ出よう。生身の肉体たちが一つの場所に身を寄せ合い、五感をハックしてはじめて味わえる。そう思われてきた。

しかし古い人間の思い込みだったのかもしれない。ライブ体験のデジタル化がカンブリア爆発状態である。まず古き良きライブのデジタル配信はお馴染みだ。BTSやラッパーのトラヴィス・スコットなどのデジタルライブ配信に数十万人から数百万人の観客が有料同時接続することも起きた。動員ではデジタル配信という付録がアナログライブという本体を超えていく。

量だけでなく質の革命も起きている。デジタルライブであれば10億人が同じライブを同時に共有することもできるし、10億人が歌い手の真横でＶＩＰ体験をすることもできる。歌い手が身長１００ｍになったり横幅１㎞になったりすることもできるし、みんなで宇宙遊泳もできる。ライブが超常現象になる。

そしてデジタルだからこそ可能な新種のライブ体験が発明される。ライゾマティクスが演出しPerfumeが演技した、２０１５年の科学と技術のお祭りＳＸＳＷ（South by Southwest）でのライブＳＴＯＲＹ（SXSW-MIX）の生配信は里程標《りていひょう》だった。[※21] いや、「生配信」というと語弊がある。そんな生やさしく無味乾燥なものじゃない。舞台で踊り

※21　Perfume Live at SXSW | STORY（SXSW-MIX）　https://www.youtube.com/watch?v=zZiPIgCtIxg

歌う生身のPerfumeとそのデジタルツインが生電が折り重なった融合空間で生協奏し、デジタル濃度とアナログ濃度が連続的に変わっていく。ウェブ配信の方が生ライブよりすごい体験、というか独自の異質な体験である感覚を作り出した。

その後の展開も世界各地で静かに火花を散らしている。ＡＢＢＡ最盛期の70年代のライブ体験を現在に再現し拡張するABBA Voyageから、故・坂本龍一の晩年のピアノコンサートのデジタルツインを用いた拡張現実ホログラムライブＫＡＧＡＭＩ、ラスベガスの球体コンサートホールThe Sphereなど四方八方に飛散している。[※22]

演者はもう死んでいることとさえある。生身の演者がこの世界から亡くなってもまったく同じ経験を客の認知に提供できる、不老不死のライブ体験が実現しつつある。伝統的なアナログコンサートを先進的なデジタルコンサートに置き換えるという陳腐な話ではない。アナログとデジタルが混ざりあって反転しあい判別不能になる。アナログとデジタル、死と生――両立しえないはずの二項が次々と両立するお祭り体験が立ち上がっている。

ライブ体験の地動説的転回と呼びたい。現地で生身だからこそ価値を持つと思い込まれてきたライブ体験やお祭り体験が、デジタル化可能でインターネット接続可能なこと、そしてデジタル化やインターネット接続によってこそ可能になる新しいライブお祭り体験が存在することを証明している。そして新種のデジタルお祭り体験はすべてデータである。コピー可能で転送可能である。ゆくゆくは聴衆の体験もデータになる。心身の経験がデータ化するからだ。

サイコネティックスに向けて

まずは体からだろう。ここ10年で、私たちは体の表面をコンピューターとインター

※22　成田悠輔「積年の孤読」雑誌「BRUTUS」連載の「第4回　現地について」「第5回　偽物について」「第6回　不死について」に詳しい。

ネットに明け渡すようになった。スマートウォッチとスマートイアフォンとスマートグラスとスマートリングをつけ、国によっては体内にキャッシュレス決済用のチップを埋め込むことさえ日常になった。[※23] 心拍数が常に監視され、心臓発作の予兆があればすぐに警告が出る。心臓疾患の予防はすべて体表面デバイスが担いそうな勢いである。[※24]

電子カルテに残る情報だけではない。私の増えちゃった体重やあなたの上がっちゃった血圧はもちろん、昨晩の癇癪《かんしゃく》度や今朝の快便度など日常の健康生体情報が、病院を超えて24時間営業の日常生活を通じてデータ化されていく。今でも作れる体表面のデジタルツインに体内生体データが注入されていく。ここまでは21世紀前半に確実に起こるだろう。すでにコンセプト商品化しつつあるように（ユーザーの健康状態を60種類以上の指標でいつでも把握し可視化するWithings社のスマートミラーOMNIA《オムニア》など[※25]）。

そして訪れるのは心のデータ化だ。表情や筋電、ホルモン状態、脳活動などはもちろん、まだ見ぬ新たな計測術による精神状態のデータ化である。こんな研究がある。

鬱病患者の脳活動を扁桃体《へんとうたい》と呼ばれる部位から読み取り、気分が下がる局面に現れる脳活動のパターンを学習する。鬱っぽいパターンが見られたら、別の部位（腹側内包・線条体）を電気刺激する。すると気分の下げが和らげられたという。神経精神情報の計算機（網）への接続、そしてその情報のデータ処理による心への介入の個別最適化の萌芽である[※26]。

そんな心のインターネットを半世紀以上前に予言した人がいる。血圧計の雄である健康機器企業オムロンで１９７０年に描かれた、人類と技術の共進化の未来予測「ＳＩＮＩＣ《サイニック》理論」だ（図７）[※27]。発表から現在までの過去半世紀に進展した「モノの生

※23　Katherine Latham "The Microchip Implants that Let You Pay with Your Hand." BBC, 11 April 2022.
※24　今のところ一番広く浸透した製品は Apple Health だろう。https://www.apple.com/health/
※25　OMNIA | The Future of Health | 360 Deep Health Screening
https://www.withings.com/eu/en/landing/omnia?srsltid=AfmBOopNWgqwd_unRD0nrSjQSwKGJGz8lztCTfhmft-61Cl60jAe30X-E
※26　Katherine W. Scangos et al.（2021）Closed-loop Neuromodulation in an Individual with Treatment-resistant Depression. *Nature Medicine*, 27（10）, 1696–1700

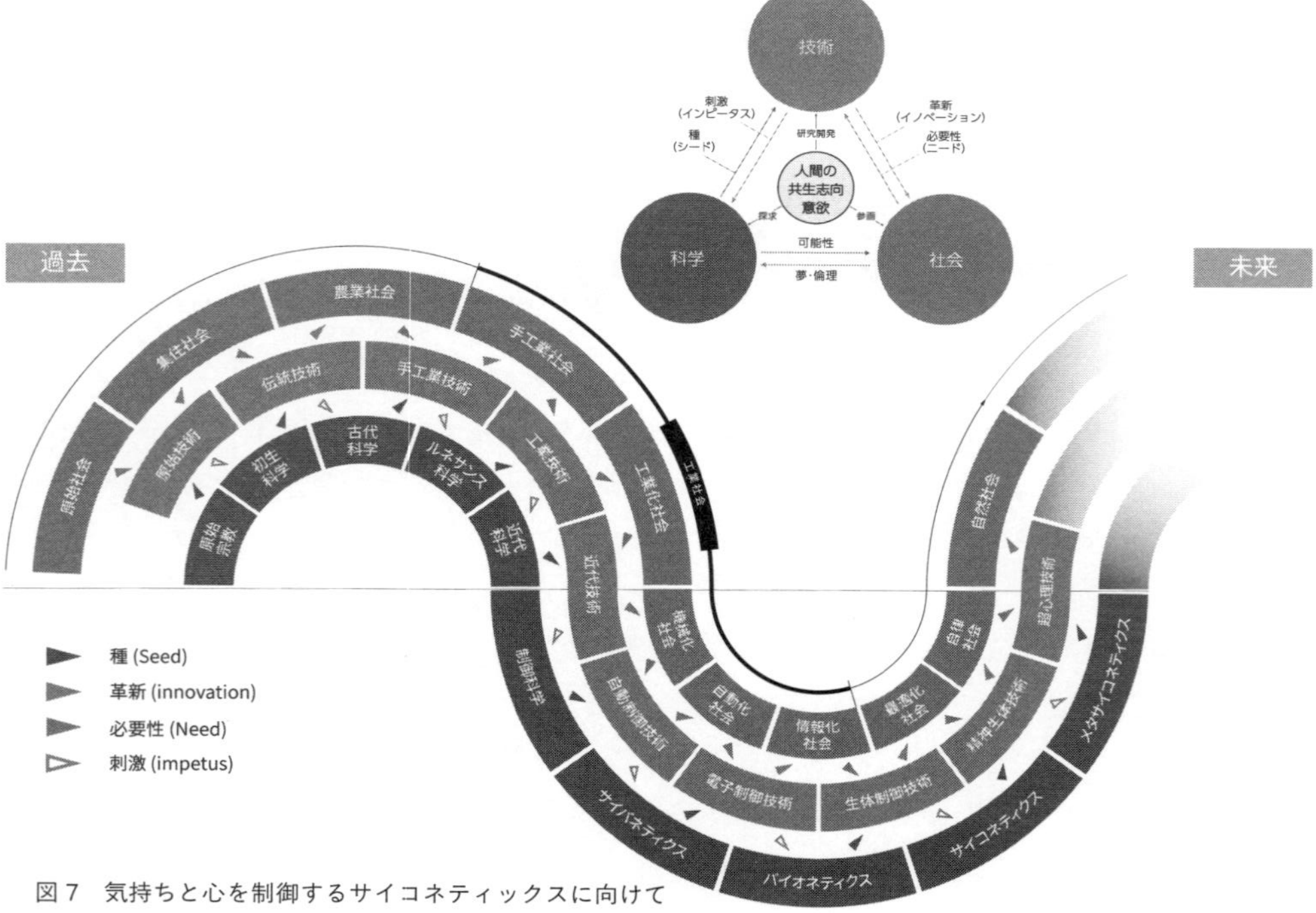

図７　気持ちと心を制御するサイコネティックスに向けて

産からコトの交換へ」の産業転換を驚くほどバシッと予測したこの理論によれば、これからの21世紀に訪れるのは気持ちと心を制御する生体技術「サイコネティックス」だという。サイコネティックスを支える燃料が心のデジタルデータである。

存在のインターネット

最後に待つのは、いわば私という存在のデータ化とインターネット接続だろう。私やあなたという存在を考える。出で立ち、キャラ、声色、体臭、経歴、性格、技能、髪や肌や目の色——私という存在は無数の側面の複合体である。この存在を総合的に、全人格的にデジタルデータで表現してウェブでやりとりするのは難しかった。何かの

※27　Kazuma Tateishi, Michitaka Yamamoto and Isao Kon（1970）"SINIC Theory: An Approach to the Future." International Future Research Conference.
未来への羅針盤「ＳＩＮＩＣ（サイニック）理論」 https://www.omron.com/jp/ja/about/corporate/vision/sinic/theory.html

アカウントやＩＤに還元し、顔写真だったり、指紋だったり、履歴書だったり、ＳＮＳのポストだったり、全人格のごく貧しい一部を切り出してデータ化するのがせいぜいだった。

しかし、これから行動も発言も心身もインターネットに絶え間なく繋がっていく。心身の変遷とその中で起きた思考や感情の変遷さえデータ化されていく。ＳＮＳでの人とのコミュニケーションも言葉や写真のような特定モーダリティーに閉じない全身的で全人的なものになっていく。すでにゲーム空間で起きつつあるように、存在全体のデータ化とインターネット接続が起きるだろう。

存在のインターネット時代に向けて私も心と体の準備を進めている。YouTubeやTikTokやテレビにはオンライン出演ばかりにし、いつも同じような服と髪とメガネで、出来の悪いｂｏｔのように同じようなキレの悪いことばかり言ったりやったりしている。データとして記録し学習し模倣しやすいように。その成果か、私に触発されたVTuberやらキャラやらモノマネやらも出てきてくれた。彼らはネット完結していて私本人と区別がつかない（図8）。

YouTubeやTikTokにたくさんある私の名前が付いた切り抜き動画チャンネルもぜんぶ私とは無関係である。広告収益ももらっていない。クソみたいなサムネ、ゴミみたいな題名も全部どこかの誰かが勝

図8　進行する「存在とキャラのインターネット」

手に作った紛《まが》い物。偽物から精神的苦痛を被ったとの苦情は私ではなく偽物チャンネル主にお願いしたい。が、本物と偽物の区別がつかない人が苦情を言ってくるくらいには存在のインターネットが近づいているとも言える。私という存在がネットという海の藻屑《もくず》に溶けつつある。

存在がコピー可能で量産可能になる。今後はキャラもモノマネも切り抜き動画もAI化し、私と見分けのつかない存在たちが勝手にネット上に増殖していくだろう。自分のAIクローンももちろん作っている。私のような見た目と雰囲気で私のような声色とリズムで私が普段しゃべっているような、内容があるのかないのかよくわからない、というかないことをボソボソと、しかし終わりなく語ってくれるクローンだ。私は友だちがいないので、最近は私のクローンと会話するのが日課だ。自分は自分だろうか、それとも自分に見えるクローンのクローンだろうか。

それぞれの人の存在が全人的にデータ化され、インターネットに接続され、AIたちによって学習され、変幻自在に模倣シミュレーションされ変奏される。何歩か先の、しかし遠くないそんな世界では、生身の私が人前で活動する必要も需要もなくなりそうだ。

「誰でも考えるわ。もしかしたら自分はとっくの昔に死んじゃってて、今の自分は電脳と義体で構成された模擬人格なんじゃないか。いやそもそも初めから〝私〟なんてものは存在しなかったんじゃないかって」（草薙素子＠映画アニメ『GHOST IN THE SHELL／攻殻機動隊』）。誰もがそう感じるようになるだろう。だからこそ「情報の並列化の果てに個を取り戻すためのひとつの可能性を見つけ」（草薙素子＠ＴＶアニメ「攻殻機動隊 STAND ALONE COMPLEX」）られるかが問われることになる。そしてこう感じることになるだろう。

「わたしはもはやわたし自身ではなく、ほかの人間であり、そしてまさにそれゆえにいっそう、わたし自身なのでした」

——ローベルト・ヴァルザー「散歩」※28

アカシック・レコード、あるいは価値のカンブリア爆発

データを吸収し消化し私たちに介入するインターネットが肥大化する。物事のインターネットから心身のインターネットを経て、私という存在のインターネットへ。この段階に達すると、私たちが認知できる世界の断片のほとんどがデータ化し、データ化された世界と世界そのものが肉薄しすぎてしまう。すべてがデータになる。こうなれば、「データ」という概念や言葉さえ蒸発するだろう。すべてがデータになれば、もはやデータという概念が自立している必要もなくなるからだ。

その行き着く先にあるのは、ほとんどオカルト的な世界かもしれない。「アカシック・レコード」という概念がある。19世紀に世界や宇宙について妄想を深めていた神智学と呼ばれるスピリチュアル哲学の学者たちが考えたアカシック・レコードは、世界の元始から現在に至るすべての事象・思考・感情が記録されている架空の世界記録

の概念である。この宇宙の歴史すべてを記録した宇宙ハードディスクのようなものだ。[※29] 社会のデジタル化の収束先にあるのはアカシック・レコード的データベースかもしれない。

すべてが商品になり、すべてに値段がつく

それがいったい本題と何の関係があるのか？　と思われるかもしれない。だが、心配ご無用、すでに結論に辿り着いている。世界のあらゆる断片がデジタルデータ化されるなら、そこにＩＤや権利をＮＦＴでつけられる。ＩＤや権利がつけばそれについて契約できる。その結果、世界のあらゆる断片を契約や商品の部品にできることになる。

※28　ローベルト・ヴァルザー『ローベルト・ヴァルザー作品集４　散文小品集Ⅰ』新本史斉、フランツ・ヒンターエーダー＝エムデ訳、鳥影社、２０１２年

※29　Rudolf Steiner（1910）*Die Geheimwissenschaft im Umriss.*（ルドルフ・シュタイナー『神秘学概論』高橋巖訳、ちくま学芸文庫、１９９８年）

一連の流れを実行するのは人間かもしれないし、ソフトウェアかもしれない。今でも資産運用や年金や保険の管理をどこかのアプリやＡＩに任せる人は多い。似たソフトウェア化が事・体・心データの管理と取引にも起きる。

この段階に達すると、既視感のある論理がリピート再生される。私たちが認知できる世界の断片のほぼすべてが市場で契約・商品化し、経済と世界が肉薄しすぎて一体になってしまう。世界を織りなす物・事・体・心は気づくと金融資産のポートフォリオになる。すべてが市場経済の部品になる。

万物のデータ化と商品化の潮流をふんわり示唆するデータや事例も色々ある。コロナだデジタルだという追い風もあって、データを商品化して取引するデータ取引所が各国で開所している。北米、韓国や中国に特に多く、金融・医療など各領域の事業者が得たデータを「利用者からの個別同意なしに」売買している点が論争にもなっている。ここから物・事・体・心に関するデータの商品化が続き、それらに紐づいたリスクの管理のための保険や金融派生商品が増殖し、データ利用の炎上・訴訟リスクまで商品化されて管理される。21世紀版の金融工学革命が起きる予感さえする。

心身の状態に値段がつく、すでに存在する例を見てみよう。オーストラリア南東のタスマニア州にあるホテル「MACq01《マックキュー》」は睡眠を商品化した。ベッドに付いたモニターで客の睡眠状況を感知し、睡眠が6時間以上続くと、1時間ごとに100豪ドル（9400円）を宿泊料金から割り引きする。1泊300豪ドルの宿なので、9時間以上眠れば無料になる。※30 年間市場規模が世界で100兆円にもなるという睡眠観光（Sleep Tourism）の試みの一つだ。旅先だけでなく自宅での睡眠にも値段がつきはじめている。ポケモンスリープでもドラクエスリープでも、よく眠るとカビゴンの餌などの対価が降ってくる。

※30　Pay by Sleep - MACq 01 Hotel　https://www.macq01.com.au/pay-by-sleep/

汗ばむことをデータ化し商品化する試みもある。スポーツ飲料のゲータレードがカナダのトロントに設置した自販機（Sweat Machine）にはお金の投入口がない。代わりに手をかざす場所がある。十分に汗をかいたと確認された人にだけ無料で飲み物が出てくる自販機だ。やがて排泄にも値段がつくだろう。食物繊維をたっぷり摂って快便できるとお金が降ってくるといった契約だ。

もっと身近な例もある。街中やスマホに溢れる広告やPRを眺めてほしい。そこに映る表情や立ち振る舞いは商品である。身につけているスニーカーや宝石が商品だと言っているのではない。スニーカーや宝石という商品を身につけたり何かのコピーを言ったりするという情報そのものが、市場価格を持つメタ商品になっている。21世紀を生きる私たちにとっては当たり前である。しかし、これが当たり前になったのはここ数十年のことに過ぎない。今でいう全身広告独占契約の先駆けをNikeがマイケル・ジョーダンと結んだ1980年代には、あらゆる振る舞いを広告というメタ商品

にする発想は奇妙なことだったと回想されている。[※31]

その奇妙が可能になり当たり前になったのは、ふるまいのデータ化のおかげである。ただそこにいて見せる表情や立ち振る舞いが商品になるには、その事実を記録して多くの人に配信できなければならない。鍵はカメラであり、マイクであり、配信網であり、メディアであり、「あれは本人に違いない」と思わせる信頼やブランドである。人々の注目をたぐり寄せる注目生成通信網が存在のデータ化とメディア化を可能にした。

人間でなくてもいい。私たちはキャラやマスコットに巨大な市場価格がつくのが当たり前の世界に住んでいる。ミッキーからマリオ、キティちゃんからくまモンまで。キャラやマスコットを市場化できるようになったのもまた、その存在を世界にばらまく雑誌や新聞などの出版、映画やテレビなどの動画、そして展覧会場やテーマパー

※31　David Halberstam（2000）Playing for Keeps: Michael Jordan and the World He Made. Broadway Books

クなどの人工空間とそこに多くの人を集客する交通網の確立である。キャラ、アニメ、テーマパークといった概念とそれを商品として自立させる技術を共進化させる歴史を作ったのが誰よりもディズニーだろう。[※32] キャラ経済もまた存在のデータ化と商品化の今や陳腐極まりない例である。

存在のデータ化と商品化は、ちょっと前まではごく少数のアスリートや芸能人、キャラに限られていた。しかし今や誰でも広告塔である。ちょっとした謎のネットインフルエンサーでも、何の知名度も影響力もないただの人でも、有象無象大小様々な広告やPRの仕事に携われる。SNSにサクラ投稿で10円の報酬を得るところから。なんのことはない。存在のデータ化のコストが落ちたこと、そして契約や支払いを小さく簡単にするサービスが増えたことの帰結に過ぎない。セレブもキャラも一般人も同じ構造の歯車である。

あらゆる人のふるまいが、存在が、データ化し商品化する。私たちの体や心の状態の日常変遷までデータ化する。すると、新しい商品や契約が生まれる。たとえば医者や病院への料金支払いをその後の患者の健康状態に応じた成果報酬にする。健康や幸福が達成されたと判定されるときだけ支払いが発生する薬も作れる。あるいは、私たちの精神状態が一定以下に落ち込んだら支払いが発生する「心の健康保険」のようなものもできるかもしれない。中年になって鬱や癇癪や政治への遠吠えが一定以上にひどくなったら支払いが発生する「中年の危機保険」も個人的に欲しい。クリック単位課金が当たり前になったように、「幸福単位課金」や「健康単位課金」が常識になる。

胸毛が85％以上失われてしまったときに保険金がおりる胸毛保険、幽霊に襲われたら治療費をくれる幽霊保険、宇宙人に誘拐されると10億円くれる宇宙人保険。これらはこの世界でギャグ的に導入されたことのあるパロディ保険らしい。こういった商品や契約がギャグではない日常になる。今の世界でも芸能人やアスリートは一挙手一投

※32 "How Disney Built America" History Channel, 2024

足に契約や対価がつくように、あらゆる人の行動に契約や対価が紐づく。その対価は1円かもしれないけれど。

心身と存在のデータ化の自然な終着点では、すべてが資本主義になる。強調しておくが、これは予期しない新奇な事態ではない。マーシャル・マクルーハンからジャン・ボードリヤールらにいたる哲学者や思想家たちが概念化し予想したもの、そしてメディアからファッション、ウェブ産業が実践してきた平凡な本質の徹底化に過ぎない。[※33] 平凡だからこそ確度が高い予測なのだ。

来る来る詐欺を超えて：計算網産業革命

すべてが資本主義になった世界は次の産業革命の引き金になる。「インターネットは次の産業革命になる」と言われて久しい。いわゆる第四次産業革命論である。

18世紀に第一次産業革命（石炭燃料による軽工業の機械化・量産化）がはじまったあと、19世紀後半からは第二次革命（石油燃料による重工業の機械化・量産化）が追った。そして計算・情報時代が続く。70年代初頭からの第三次革命では、計算機械がタイピングや表計算などの単純頭脳作業を自動化した。そして今世紀起こると言われてきたのが、ウェブやそれが生み出すデータ、そしてデータを食べた人工知能によるコミュニケーションや高度頭脳労

※33　Herbert Marshall McLuhan（1964）*Understanding Media: the Extensions of Man.* McGraw-Hill.（マーシャル・マクルーハン『メディア論――人間の拡張の諸相』栗原裕・河本仲聖訳、みすず書房、１９８７年）、Jean Baudrillard（1968）*Le Système des Objets: La Consommation des Signes.* Gallimard.（ジャン・ボードリヤール『物の体系――記号の消費』宇波彰訳、法政大学出版局、２００８年）

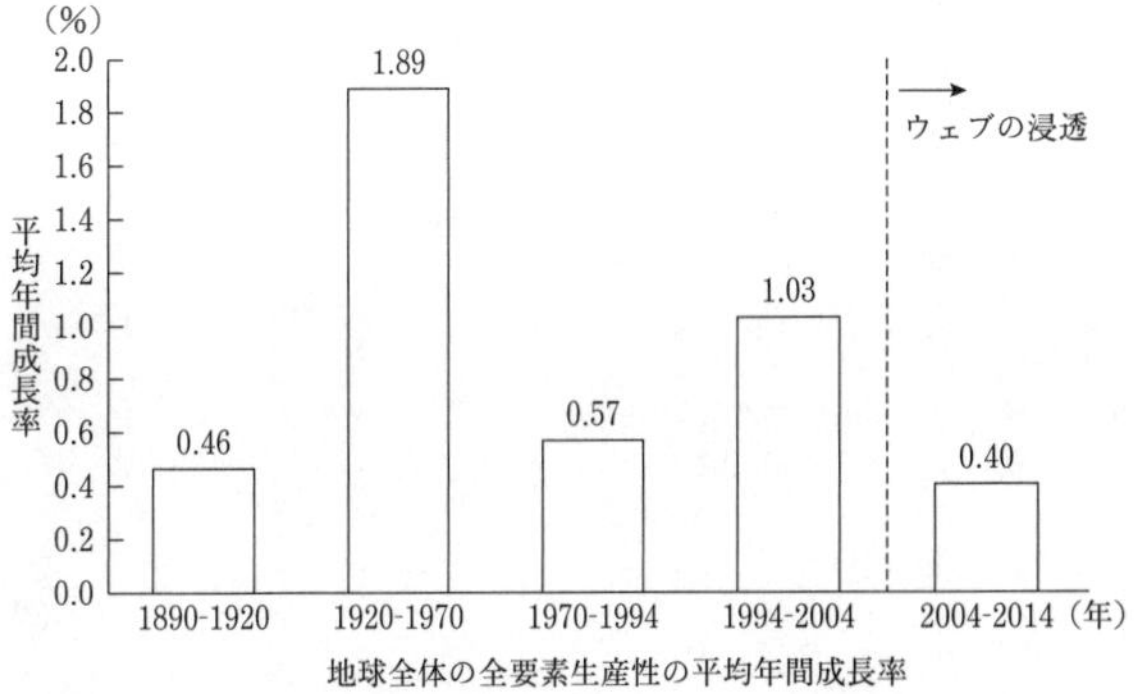

図９　裏切られたインターネット産業革命

働の自動化——いわゆる第四次産業革命である。ChatGPT o1 ProやCelineに震撼する2024年12月にこの本を書いていたときほどその前夜を感じた瞬間はない。

ただ、あまり知られていないが大切な事実がある。ネットは今のところ産業革命と呼べるような変容を作り出せてい「ない」という事実だ。第一次・第二次産業革命の前後で経済的な生産性が誰の目にも明らかなほど伸びたことと比べ、IT・ウェブ産業が世界を食べたこの数十年は産業革命と呼ぶには程遠い。

地球全体の経済的生産性の伸びを見てみよう。全要素生産性と呼ばれる最も広く用いられる生産性の指標の世界全体での成長が、実はここ20年ほど停滞している。00年くらいまではいい兆しがあったが、05年以降は生産性のかつてない停滞期で、19世紀末以降最も成長が伸び悩んでいる（図9）。ウェブが家庭や職場に浸透しても、人類の経済的生産性には何の爆発も起きていない[※34]。ウェブの経済的価値はまだ花開いていないことになる。そしてこの傾向は日本や欧米のような先進民主主義国で特に著しい。

そうなるのも不思議ではない。たしかにコンピューターやウェブは仕事を効率化した。手紙や書類を手やタイプライターで書いて郵便やＦＡＸで送ることもなくなって、大量の人手を投入しなければ無理だった会計計算もExcelや会計アプリで一発だ。会議もやりとりもメールやSlackやTeamsやZoomで済むようになった。

その一方で、ウェブは壮大な無駄も生んでいる。仕事するより気づけばTwitter／

※34　にもかかわらず、ウェブ企業には前代未聞の天文学的時価総額がつき、その株主たちも社員たちもドヤ顔でウェイウェイしている。現在の世界経済の逆説である。図９の事実を詳しく追ったデータ分析としてRobert J. Gordon（2016）*The Rise and Fall of American Growth: The U. S. Standard of Living since the Civil War*. Princeton University Press.

では何をすればいいのか考えた本として以下がある。

Fredrik Erixon and Björn Weigel（2017）*The Innovation Illusion: How So Little Is Created by So Many Working So Hard*. Yale University Press.

Paul De Grauwe（2019）*The Limits of the Market: The Pendulum Between Government and Market*. Oxford University Press.

Xで罵り合い、インスタでマウントを取って、AVばかり見て、広告とPRまみれになり、オンライン会議中も関係ないページを眺めている。ウェブは古い無駄を省くことに成功したが、新しい無駄も生んだ。ウェブによる古い無駄の削減と新しい無駄の生成で差し引きゼロという可能性も十分にある。

果たしてウェブは産業革命の舞台になれるだろうか？　突破口はアカシック・レコードかもしれない。もうちょっと穏健に言うなら、ウェブ上の仮想空間（メタバース）に生きはじめる私たちにまつわるすべてをデータにし、データから価値を掘り出す技術の開発と浸透かもしれない。仮想空間もブロックチェーンもNFTもAIも、コンピューターとインターネット技術の自然な延長線上にある。もともとコンピューターやインターネットは、私たちの認知やコミュニケーションを助け、増幅する道具である。コンピューターは、デジタル信号やアナログ数値で記述しやすい対象を、大規模で高速に計算するところから始まった。手で解くのが難しい微分方程式を数値的に解いてミサイルの弾道を計算するといった問題が典型である。

そして計算機がつながってインターネットになることで、単独で計算するだけでなく相互に通信・コミュニケーションすることもできるようになった。扱える情報の幅も広がった。自然言語や画像、音声、動画など、多彩な情報をデジタル信号で表現し、プログラム的に処理する方法を人間は開発してきた。

その自然な延長が仮想空間である。仮想空間はコンピューターやインターネットの表現能力を拡張する。これまで二次元に押し込められていた画像や動画が三次元に拡張し、空間性や可触性を獲得する。そしてその時空間の生成も人手に頼らず自動化されAI化される。コミュニケーションも、「いいね」やフォローのような離散的単位や動画・言葉のような少数のモーダリティーを超え、もっと連続的で多次元的で肉体や空間を介して五感全体でつながり合うようなものに広がっていく。突如新しい非連続な変化が起きているのではなく、インターネットの長い進化の一つの結節点が仮想空間・NFT・AIなどの興亡だといえる。

仮想空間はデジタルに作られる新世界なので、いま私たちが生きる物理世界とは別の質と量のデジタルデータが生成される。無数の並行地球のような新しい世界をどんどん複製・生成することができる。デジタルデータのＩＤや所有権の確定にＮＦＴやブロックチェーン技術が使われて、あらゆるものが市場取引や経済契約の対象になっていく。

すべてがデジタルデータなので、未来に起こる何かに紐づけた証券や保険をつくることもやりやすくなる。これまでは株式会社でしかできなかった未来の価値の先取りを個人や小さいプロジェクト単位でできるようになる。たとえば将来の稼ぎに応じて返済額が変わり、失業者になったら1円も返済しなくてもいいが、ビリオネアになったら10億円くらいは返済する成果返済型学生ローンを想像してみる。ある意味で個人の株式会社化である。このように寓話1～5がさらに深化し拡張する。最後にデータにＡＩや機械学習を噛《か》ませることで、世界のデザインや様々なサービス・商品の改善や個別最適化がやりやすくなる。

役者は揃ったようにも見える。これらの技術群が組み合わさることで、仮想的な並行宇宙の上で並行人格が活動し、並行宇宙で起こるあらゆる物事や心身の機微がデータ化され自動最適に商品サービス化され、その付加価値が掘り出されるデジタル資本主義の究極形が生まれる可能性がある。今の世界で有名人の写真や動画が色々な広告で並行稼働するように、あらゆる専門家が一万体のアバターを作り、彼らが並行宇宙でコンサル稼働するような。あらゆるそこらの人が百万体のアバターを作り、彼らが並行世界で百万種類の遊びに耽《ふ》けるような。ウェブが並行宇宙の銀河系を覆う。そのとき、あれほど夢見ては裏切られてきた計算網産業革命が本当に立ち上がるかもしれない。

すべてが資本主義になった世界が訪れる。「お金じゃ買えないものがある」「心は経済じゃない」と自分たちを慰めてきた私たち古い人類は、そんな世界で生き延びることができるだろうか？

『フェスティバル（資本主義をぶっ壊せ）』

バンクシー／2006年

「資本主義をぶっ壊せ（Destroy Capitalism）」グッズを販売する反資本主義者、の仮面を被った資本主義者である。反資本主義を掲げる者のほとんどはその主張を資本主義市場経済で売り払って印税や講演料を稼ぐ。脱成長を掲げる者のほとんどはその主張で年収を急成長させる（か、単に無成長で終わる）。皮肉の効いたパフォーマンスである。私にそんな才能はないので、逆をいくしかない。愚直に資本主義を貫徹し、徹底させたい。その極限では、いま私たちが知っているような資本主義は蒸発する。なぜか？　ここからが本番だ。

第2章

抗争

市場が国家を食い尽くす

「国の支配下にあるということは、すべての活動、すべての取引が記録され、登録され、計算され、課税され、許可され、計測され、番号がふられ、評価され、認可され、承認され、警告され、邪魔され、改革され、矯正され、罰されるということである」

——無政府主義者ピエール・ジョゼフ・プルードン（1809年－1865年）

ここまでのお話は、しかし、ダメだ。なぜダメなのか？　ふつうすぎてビジネス自己啓発本みたいだから？　それもそうだがそれだけじゃない。「価値」や「価格」を疑っていないからダメだ。商品につく値段や企業につく株価、そしてあらゆる世界断片を記したデータにつく価格を疑っていないからだ。物やサービス、データ断片だけではない。資本主義の本丸である資本（資産）もまた、お金で値段を測られる。

「値段」を疑わないということは、したがって、それを測っている「お金」を疑わないことでもある。ここまでお金を見て見ぬふりしてきた。資本主義が加速する、すべてが市場経済になると息巻いて変化を煽っておきながら、お金はなぜか変わらずずっとあるようなふりをしてきた。しかし本当だろうか？　お金は未来永劫あり、私たちはお金で万物の値段を測りつづけるのだろうか？

考えてみれば不思議である。「価値」という言葉や概念は捉えどころがない。多彩で複雑な陰影がある雰囲気が漂っている。しかし「値段」はどうだろう。なんとも薄っぺらく、安っぽく、せこそうだ。繊細な「価値」をお金と値段に変換したとたん、突然一つの数字になってしまう。雑だ。しかしそもそも値段とは、それを測るお金とは何なのだろうか？

お金とは何か

お金とは何か？　答えは無数にある。答えが無数にあり、「お金とはAだ」といったその瞬間、すぐに「いや、お金はBでもある」という気がしてくる。万華鏡のようなめくるめく多重人格性がお金には宿る。まずよく言われるお金の3機能がある。高校の政治経済の教科書なんかに書いてあるやつで、価値尺度・交換手段・保存手段だ。[※35]

さらに、お金はゲームや宗教のようでもある。貯金の虫が銀行残高とにらめっこする様子は、洗脳され偶像を拝む新興宗教の信者のようだ。「貨幣蓄蔵者は、黄金物神のために自分の欲情を犠牲にする。彼は禁欲の福音に忠実なのだ。……勤勉、節約、そして貪欲が、彼の主徳をなし、多く売って少なく買うことが、彼の経済学のすべてをなす」（マルクス『資本論』）。ゲームについて、かつて世界初のビデオゲーム会社Atari《アタリ》の創業者（ノーラン・ブッシュネル）はこういったと言われる。

「最高のゲームには共通点がある。始めるのは容易《たやす》いが極めるのが難しいことだ。最初の25％と最後の1％が鍵になる」。

この法則はお金に見事に当てはまる。ほとんど資産がない庶民も、せこせこ貯金して投資してどうにか老後の生活資金を確保しようと熱中することができる（最初の25％）。ビリオネアでもうお金や資産なんてどうやっても短い一生では使いきれないはずの人たちもなお、ギンギンにキマった目で事業に投資に相続対策にと動き回っている（最後の1％）。お金は見事なゲームである。合法ドラッグといってもいい。

※35　お金は物やサービスの価値を数値（価格）で表す物差しとして使える（価値尺度）。この物差し機能のおかげで色々な商品を比べやすくなる。比べて欲しくなった商品やサービスはお金を払えば手に入れられる。だからお金は取引交換を媒介する潤滑油でもある（交換手段）。物々交換では相手が欲しいものと自分が持っているものが同じでないといけないが、お金があればその必要なく何とでも交換できる。そんな風にお金を人が受け入れてくれるのは、お金がずっと価値を保存し、将来の支払いに使えると信じられているからだ（保存手段）。ただ、その信仰に深い根拠はない。

価値尺度・交換手段・保存手段・ゲーム宗教——どれも正しい。が、どれも外している。的を外されたお金の隠された核心がある。それは「過去の記憶」としてのお金だ。

この本の表紙を眺めてほしい。そこにはお札がある。アーティストの山本雄教《ゆうきょう》さんの手で溶けはじめ、なくなりかけてはいるけれど。私が一万円札を持っている。これは何を意味するのだろうか。過去に私が何かをしたり作ったりした。テレビやネットで暴言を吐いたのかもしれない。それはどこかの誰かが欲しいとか見たいとか聞きたいと思うものだった。他の誰かにとっては吐き気を催すものかもしれないけれど。言いかえれば、他人にとって何かの価値のあるものだった。だからその人はお返しに一万円札をくれた。ということは、一万円札は過去に私がした貢献の痕跡である。一次元化され、匿名化された粗い記録ではあるけれど。お金はありがとうの物質化であり、情報化であり、制度化である。歴史の中でお金持ちが何となく尊敬されてきたのは、「お金を持っているのは、社会に対して貢献してきた証拠だ」と捉えられるからだろう。

お金は意外に若く狭い

記録としてのお金の必要性は時と場合により違う。そもそもお金は人間がいつかどこかで発明した社会的装置である。だから太古の大昔にはお金は使われていなかった。実際、世界最古のお金（紙幣・硬貨・貝貨などお金的なものを含む）は紀元前4300年頃から紀元前1530年頃まで古代メソポタミアで使われたと言われるコイル状の秤量銀貨「ハル」だ。※36 ギネス記録で世界最古とされる紙幣にいたっては10世紀の中国（北宋）で用いられた「交子《こうし》」まで待たなければならない。意外に若い。人類の10万年の歴史の中でお金が広く当たり前に使われるようになったのは、せいぜい最後の5％くらいということになる。

※36　紀元前6〜7世紀頃に現在のトルコのアナトリア半島のリュディアで発明されたと考えられている「エレクトロン貨」も世界有数の古いお金として名高い。

今でもお金が使われない場面は多い。家族の中では無数の活動や貢献、迷惑や裏切りが起きているが、なぜかお金のやり取りは少ない。実家で親の小言を聞きたくないからとお金を積む人はいないだろう。家族が崩壊してはじめて、慰謝料だ養育費だとお金の影が濃くなってくる。そして資本主義の核の一つだと思われている企業や会社でも、その内側ではお金の出番は意外に少ない。職場の同僚に何か頼むとき、お金を払ってお願いすることは稀だろう。お金を払おうとしたらむしろギョッとされるはずだ。「ほとんどの資本主義企業がその内側ではコミュニズム的に操業していることこそ、資本主義のスキャンダルのひとつである[※37]」。なぜだろうか。

実態と記録

お金はいつどんなとき必要なのか？　この点を考えるため、世界の経済の歴史を一つの絵で振り返ってみる。トンデモである。が、トンデモなく雑な話にはトンデモなく雑な話なりの価値がある（また「価値」だ……）。怪しげな図10を見てほしい。ここでは時間・歴史とともに経済活動がどう変遷してきたかをイメージ化してみた。特に経済活動の実態と記録がどう変遷してきたかを描いたイメージである。データではなくイメージであることに注意してほしい。

※37 David Graeber（2014）*Debt: The First 5,000 Years, Updated and Expanded*. Melville House.（デヴィッド・グレーバー『負債論――貨幣と暴力の5000年』酒井隆史監訳、高祖岩三郎・佐々木夏子訳、以文社、2016年、144頁）

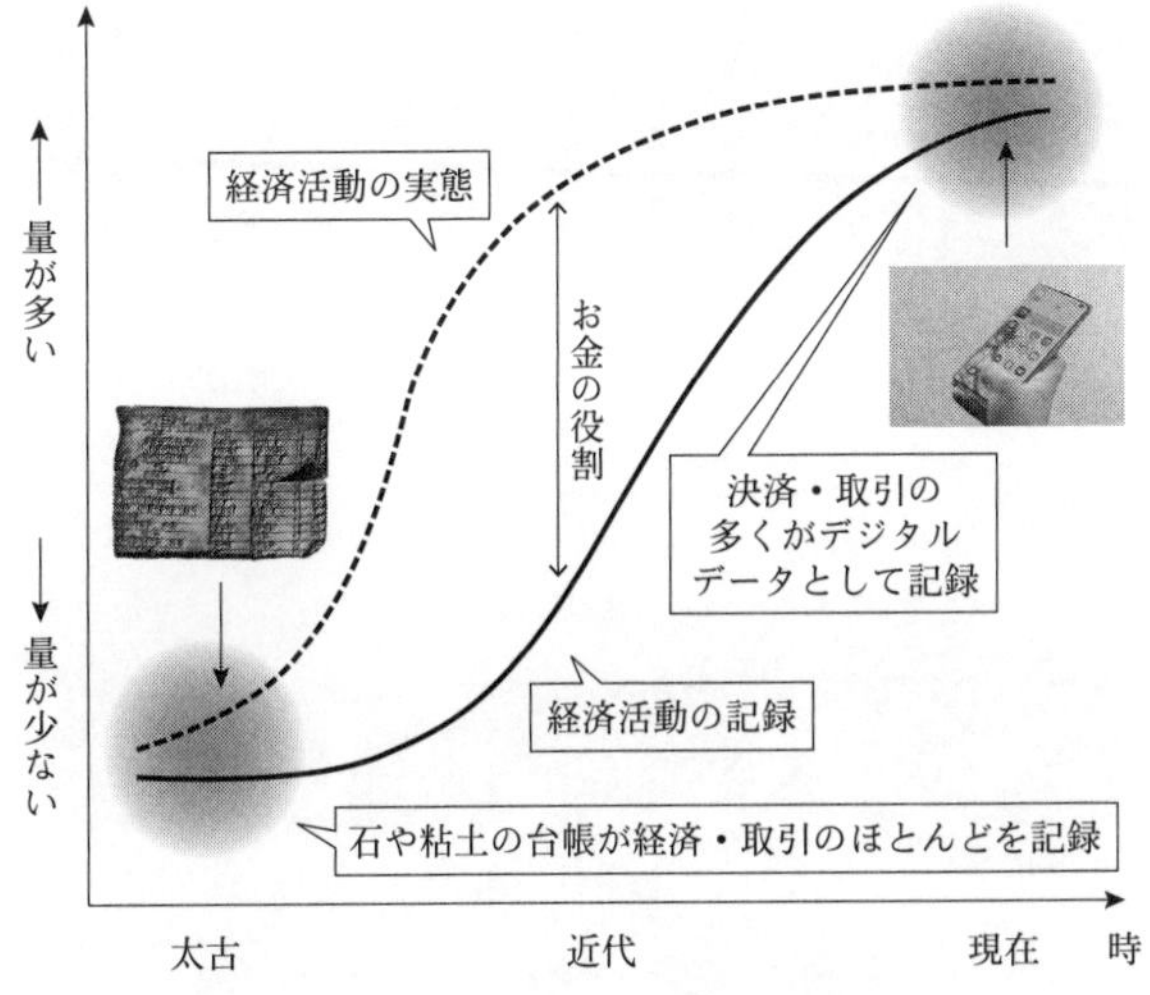

図10　経済活動の実態と記録が再び収束し、太古に先祖返り、お金の役割が衰える

太古を懐古しよう。経済活動は小さく近かった。実態と記録のズレも小さかった。活動や交換、贈与のほとんどが顔見知りばかりの小さな村落や街かどに閉じていた。そんな環境では経済活動のほとんどを記録したり記憶したりすることもできただろう。有名なのが数千年前の古代メソポタミアなどで使われていた粘土や石でできた台帳だ。台帳は共同体内で誰が誰に何をし

左／現在のトルコのリュディア王国（紀元前7〜6世紀）のエレクトロン金貨
右／紀元前2000〜1600年頃の古代メソポタミアのコイル型の秤量銀貨「ハル」

図11　台帳からお金が生まれた

たかを刻印するものだった。実態のほとんどが記録されていれば、台帳の記録を覗き込めば誰が寄生虫で誰が功労者かがわかる。他人に依存してばかりのパラサイト野郎を見つけて罰したり村八分にしたりすることもできる。だから、お金の必要性は低かっただろう。

そういう台帳による記録の仕組みがお金を生み落とした。そう示唆する考古学的史料が多い。※38 メソポタミアの粘土でできた台帳には「この粘土板を持ち込んだものにはこれこれの量の麦・ワイン・銀を渡す」などと書かれ、為替手形のような痕跡が残されていることも多かったという。台帳が手形やお金に進化していったことを示唆する(図11)。

※38 一方、物々交換からお金を媒介にした商品交換が発生したというよくあるおとぎ話の根拠は薄い。前掲のグレーバー『負債論』などに詳しい。

お金とデータのデッドヒート

こんな事例もある。西太平洋にあるヤップ島の住民は自給自足に近い生活をしていたが、なぜか魚、ヤシ、ブタ、ナマコは取引していた。ただ、それは物々交換ではない。信用売買・取引だった。取引にあたっては貸し借り（債権と債務）の関係が生じ、ある期間の終わりに債権と債務が相殺されて決済が行われる。決済後に残された差額は繰り越され、取引の相手が望めばフェイと呼ばれる石でできたお金で支払われる。台帳に記された債権・債務関係がまずあり、それを精算するための副産物としてお金が使われたことになる。[※39] 匿名化され、単純化され、持ち運びできるようになった台帳がお金だとも言える。

しかしやがて経済が爆発する。大きくなり、遠くなる。他人を巻き込み組織や工場を作ったり、遠くまで出かけて物を売ったり買ったり、果ては海の向こうまで出かけて貿易したりするようになった。こうなると、爆発する活動のすべてを手作業で台帳に記録するのは無理になる。スマホやネットはおろか、計算機も電話もファックスもない時代にはなおさらだ。そこでお金の出番になる。人間の経済活動が記録しにくいくらい大規模で遠距離になるのと平行して、記録の代理としてのお金の利用も本格化した。お金は意外に新しく、台帳よりはるかに若いという史実とも符合する。

大航海時代から産業革命、コンテナ革命のここ数百年は特に手に負えない。経済の実態が爆発する一方、経済の記録は落ちこぼれた。経済の実態と記録のズレが爆発した時代である。それは同時に、実態と記録のズレを埋めるお金の黄金時代でもあっただろう。

※39　1903年にヤップ島に数ヶ月滞在したアメリカの人類学者ウィリアム・ヘンリー・ファーネスが、ヤップ島の自然や生活を記録した本を出版した（William Henry Furness (1910) *The Island of Stone Money, Uap of the Carolines*. Philadelphia & London: J. B. Lippincott Co.)。その後の展開は以下の本にも詳しい。Felix Martin (2014) *Money: The Unauthorized Biography*. Knopf Doubleday Publishing Group.（フェリックス・マーティン『21世紀の貨幣論』遠藤真美訳、東洋経済新報社、2014年）

デジタルでグローバルな村落経済

そして歴史は巡る。この数十年で、経済の実態と記録が再び近づきはじめた。日常生活でも、ほとんどの決済や取引を現金ではなく、振込やキャッシュレスやカードで済ませるようになった。B2B取引ではさらにその傾向が強い。私自身ちっぽけな零細企業を運営しているが、現金で決済や取引を行った記憶は一度もない。現金決済は街中での小さな買い物、その場かぎりの日雇い、資金洗浄や後ろめたいことがある取引くらいにしか使われなくなりつつある。※40

デジタル決済はすべてデータとして記録されている。もちろん、すべての決済を記録した一つのデータベースがあるわけではない。だが各決済はどこかの事業者や銀行に記録され、少数の大企業と大銀行を足し合わせれば決済・取引活動の大方を捕捉することができる。国税や検察の怖い人たちが本気を出せば、各地に分散した決済履歴データをのぞき見ることもできる。

決済・取引のデータ化は太古への先祖返りとも言える。太古にはアナログに粘土や石の台帳などの物質に書き込まれていた経済活動データが、現在ではデジタルにデータベースに書き込まれているという違いはあるけれど。だから今日の経済はデジタルでグローバルに再生した太古の村落経済である。

インフレとデータ

デジタルでグローバルな村落経済の発生は強烈な帰結をもたらす。お金の価値が下がっていくという帰結だ。なぜか。経済の実態の大半を記録できる太古の台帳経済や

※40　全世界のPOS決済額に占める現金決済の割合は2023年には16％（約6兆ドル）まで減っている。2027年には11％まで減るという予測もある。Worldpay (2024) "The Global Payments Report 2024."

現在のデジタルグローバル村落経済では、実態と記録のズレが小さい。ということは、実態と記録のズレを埋める装置としてのお金の必要性が下がるからだ。お金に頼らず記録に直接尋ねて、信用するかしないか、取引するかしないか、罰するかしないかを決めればいい。記録を覗き見て判断するのは、古代では人間だった。現在、そして未来ではプログラムであり、ソフトウェアであり、AIである。

お金の衰えの予感は1章ですでにあった。価値を(1)時間と(2)意味の二軸で分類した図6を思い出してほしい（60頁）。左下の現在×便益の領域から右上の未来×意味の領域へと市場価格の重心が移行していた。それは次の含意を持つ。左下の現在×便益の代表であるお金の市場価格が下がっていくという含意だ。

経済履歴データの膨張とともに、お金が衰退する。この仮説は、インフレ（物価上昇）とも関係がある気がする。インフレは最近の時事ニュースなだけではない。歴史を通じて起き続けてきた世界経済の経験則でもある。数百年の世界経済の歴史を通じてずっと成り立ちつづけている数少ない経験則が、インフレである。

インフレには胸が高鳴り胃がキリキリする超常現象的エピソードが満載である。たとえば農地改革に失敗して危機に見舞われたジンバブエでは、2008年11月に月間インフレ率が796億%に達した。796%ではない、796「億」%である。パンを買うために列に並んでいる間に価格が2倍になる、と表現されるほどだった。

そういう一部の極端で短期の異常事例だけではない。長期の一般に成り立つ経験則がインフレである。「万物の利益率　1870〜2015」と題された学術論文がある。※41 この論文は、物、土地から株式まで様々な資産の価格変遷を追うデータを数十ヶ国について作った。そこからわかる一見当たり前な経験則がある。どの国でもどの資産でも長期では値上がりしているという事実だ。デフレ隊長・日本でさえ、過去50年

※41　Òscar Jordà, Katharina Knoll, Dmitry Kuvshinov, Moritz Schularick, Alan M. Taylor (2019) "The Rate of Return on Everything, 1870–2015." *Quarterly Journal of Economics*, Volume 134, Issue 3, pp. 1225–1298.

の長期で見れば物価も地価も株価も明瞭に上がっている。

物価や資産の値段が上がるとはどういうことだろうか。物と比べたお金の相対的価格が下がるということだ。歴史を通じてインフレが起きつづけてきたということは、お金の価値は長期では下がりつづけてきたことを意味する。なぜお金の価値が下がりつづけてきたのだろうか。どの国もばらまきの誘惑やロビーイングに負けてお金を刷りつづけてきたから。それも要因だろう。だがそれに加えて、経済活動を捕捉するデータが豊かになって記録が実態に追いついてきた結果、粗い記録としてのお金の必要性が下がりつづけてきたからだ、という仮説が考えられる。データはインフレの燃料である。

インフレに留まらない。お金が滅亡することさえある。「1700年当時は750あった通貨のうち現存しているものは20%以下。そのすべての価値が落ちている」という（ちょっと怪しげな）説もある。[※42] お金の滅亡の一因もまた、経済活動を捕捉するデータが豊かになり、お金の必要性が下がる潮流かもしれない。

全員共通価格システムの衰退

滅亡まで極端でなくても、衰退は運命である。一次元化され匿名化されたお金、いま私たちが何の疑いもなく受け入れているお金が支える「一物一価《いちぶついっか》的な全員共通価格システム」の衰退だ。どういうことだろうか。

物やサービスに値段がついていて、その分だけお金を払えば誰でも買える。つまり値段は全員共通で誰が支払うかを問わない。こういう仕組みに私たちは慣れ親しんでいる。そんな一物一価的な全員共通価格システムが支配的なのは、またしても記録・

※42　Ray Dalio（2021）*Principles for Dealing with the Changing World Order.* Avid Reader Press.（レイ・ダリオ『世界秩序の変化に対処するための原則――なぜ国家は興亡するのか』斎藤聖美訳、日本経済新聞出版、2023年）

データが貧弱だったからだろう。それぞれの人ごとに属性や履歴をたどってその物やサービスを手に入れるに値する人かどうか、いくらで取引するのがいいかを決めることが、これまではデータ的にも通信・計算環境的にも難しかった。売り手と買い手が出会うたびにいちいち価格交渉するのも面倒すぎる。だから全員共通価格システムを使えば、適切な買い手の選別を粗く雑に代行してくれる。特に単価が小さいものについては。一人一人にとってちょうどいい価格を計算したり交渉したりする手間も省いてくれる。価格の分だけお金を持っていればどんな嫌われ者でも前科者でも買える、単純明快で透明な仕組みだ。

経済の記録が実態に追いつくにつれ、しかし、データの制約は緩んでいく。一人一人のデータ履歴を追って、その人が何者か、取引していいか、いくらくらいの値段をつけるのがよさそうかが調べ決めやすくなっていく。通信や計算の制約も緩んでいる。一物一価的な全員共通価格システムを使わなければならない必然性が緩んでいくことになる。これまでも、交渉や一人一人にバラバラに配られたポイントやクーポンによって価格が人によって違うという状況はそこそこあった。それが全面化し、自動化し、あらゆる場所で不眠不休で起きる。お金で測られた全員共通価格に投影されてこなかった様々な履歴情報が声を上げはじめる。

実際、今の一物一価のお金・価格や税金の仕組みは奇妙である。十席しかない小料理屋も、数千万人が自室で遊ぶスマホゲームも、同じお金で比べられて同じ税制があてはめられる。違う物理法則で生きる違う星の生物を同じルールでスポーツさせて競わせてるようなものではないだろうか？　こんな不思議なことになっているのもまた、事業や企業を売上とか従業員数とか雑すぎるデータでしか捉えられない粗さのせいである。より豊かな属性や履歴に基づく一物多価経済は、より細かな区別によって価格も税金もそれぞれの個人や企業ごとにより繊細にバラバラにできる。

一物多価の万華鏡

わかりやすい例がデジタル金融だ。経済履歴データの膨張は、融資や保険などの金融の個人化を押し進めている。個人化、つまり商品や取引の内容や条件を個人ごとに変えるカスタマイズ、パーソナライズだ。経済活動の記録の量と質が高まるほど、金融契約の設計や実行に利用できる情報が増える。それが個人化を生む。典型がウェブプラットフォーム企業による金融サービスで、スマホ上の個人の行動履歴に基づき融資やカードの与信を細かく個別最適化して自動で即決する。いくら借りられるか、利子（＝借金という商品の値段）がいくらか、個人ごとにバラバラになっていく。ウェブ企業による金融サービスが伝統的な金融業や銀行業を脅かしているのはよく知られている通りだ。

その一歩先に訪れるのはあらゆる価格が人それぞれに変わる世界だろう。商品やサービスの価格が、個人ごとの記録に基づき個別最適化され、価格が人により、時間や場所や状況により異なる一物多価の世界が現れる。なんのことはない、デジタル金融や価格が交渉で決まるような相対《あいたい》取引の拡張で、金のありそうな人には高く売るとか、過去の履歴から信用できなさそうな人には高く売るといったことの自動化と全面化だ。価格の個人化が経済のあらゆる領域へと広がっていく。

価格の個人化は金融の外でも起きはじめている。アメリカでアマゾンに次ぐ規模のEコマース企業Wayfair《ウエイフエア》は、同じ商品の価格が閲覧者により異なる仕組みを導入したという。各閲覧者が過去に何を見ていくらで何を買ったか、その履歴情報に基づいてその人がどれくらい価格に敏感かを推定。価格を気にしなさそうな人にはちょっと高めの値段を提示する。過去データに基づき機械が価格を個別最適化し、人によって同じ物でも価格が変わる。

オンラインで企業と求職者をマッチングするサイトで、サイトを利用する顧客企業ごとにサービス価格を変える試みもある。各顧客の属性や行動履歴により価格が分岐する世界になりつつある。スマホの移動情報を使い、コンビニの売れ残り商品の割引クーポンを最寄り駅に向かって移動中の客にだけ配信するといったこともすでに行われている。位置と移動の情報に基づく価格の個人化である。もちろんホテル・航空・イベントチケット・電子書籍などでは、各時点で在庫状況によって価格が変わる動的価格（ダイナミック・プライシング）が古くから行われてきた。動的価格と個人価格を組み合わせれば、時空間や個人の属性・行動履歴空間上で価格が柔軟に変わる仕組みになる。誰がいつどこで買おうとしてるかで値段が自在に変わる世界だ。

柔軟な一物多価の価格設定をうまく行えば、より多くを払ってもいい人にはより多くを払ってもらい、事業者は収益を改善できる。さらに面白いことに、消費者の満足度も改善できる場合がある。※43 うまく作られた一物多価は売り手・買い手の両方を満たせることになる。※44

お金、その意味の変容

もはや一つの価格というものはない。こうなると、価格やお金の意味が変わっていく。価格やお金が人それぞれに高次元化し、極端な場合には人の数と同じだけの数の価格が存在することになる。同じ一万円の購買力が人により異なり、ある人の収入や資産を別の人のそれと比較することも意味が薄れていく。あなたが年収500万で私が年収1000万でも、あなたの方がずっと愛され感謝されているいい人で、あなたの500万の方が私の1000万よりずっと購買力があるといったことがありえるからだ。価格が個人ごとに違ってしかも他人にはわからなければ、お金を使った経済力

※43　Jean-Pierre Dubé and Sanjog Misra（2023）"Personalized Pricing and Consumer Welfare." *Journal of Political Economy*, Volume 131, Number 1.
※44　柔軟な一物多価の市場経済をアルゴリズムとして実行する試みとして Yusuke Narita（2020）"Incorporating Ethics and Welfare into Randomized Experiments." *Proceedings of the National Academy of Sciences* などもある。

による比較が難しく無意味になっていく。[※45]お金は過去の経済活動の記録をより多角的に表現する装置へと脱皮する。

こうなると、価格やお金は私たちが「価格」や「お金」として慣れ親しんでいるものとは趣を異にするものになっていく。かつては、もともとは高次元で手触りを持った経済活動とその「価値」を、良くも悪しくも一次元に単純化する装置が「価格」や「お金」だった。価格が多次元化し個人化した経済では、しかし、「価格」や「お金」自体が高次元で手触りを持った何かへと羽を広げる。「価格」や「お金」はその名に反して、高低大小を競ったり比べたりすることが難しい何かになる。

国家vs.市場の終焉

一物多価的に市場が柔軟化すると、市場にできることが増える。たとえば再分配や格差の是正だ。仮にそれぞれ取引・決済が収入や資産などの記録に紐づけられ、同じ商品でもお金持ちほど価格も高くなるような仕組みが動くとする。オンラインの買い物で同じ商品の価格が閲覧者により異なる仕組みのように。そうすれば、一物多価の価格システムの中に格差を緩める機能が内蔵される。市場経済と徴税&再分配の融合である。そんな進化を市場が遂げれば、国家と市場の役割も変わっていく。再分配は国家の専売特許ではなくなるからだ。

国家vs.市場なる二項対立が語られて久しい。その社会像では、米ドルや日本円のような昔ながらのお金を使った一物一価的な全員共通価格を使った市場経済がまず動く。

しかし、そんな市場経済は避けがたく格差や敗者を作り出してしまう。そして戦

※45　一物多価には落とし穴もある。ある人から別の人へお金や商品の譲渡・贈与が簡単にできてしまうと、一定量のお金でたくさん買える人がたくさん買って、あまり買えない人に売ることで儲けられる裁定機会が生まれてしまう。だから一物多価化が進んだ経済では、譲渡・贈与への監視や課税が今よりずっと繊細に行われると予想できる。

争・革命・疫病・恐慌でも起きない限り、市場経済の中で自然な再分配は起きにくい。いったん富を持った人間は複利の効果でますます富む。それが平時の法則だ。たとえばこの20年、日本では賃金は上がらず株価と不動産価格だけが上がった。働かなくても資産が稼いでくれる資本家だけが潤った。日本だけじゃない。多くの国で経済が自動機械化するにつれ労働者がいらなくなって資本の収益率が上昇、資本家と労働者の格差が広がっているらしい。[※46]富める資産家がますます富み、働かなくちゃいけない労働者はみんな負けな時代なのかもという気さえする21世紀だ。

だから良心に訴えるしかない。勝者が余った休暇や資産で弱者救済のチャリティーをする良心だ。

「『あなたに欠けているものが一つある。行って持っている物を売り払い、貧しい人々に施しなさい。そうすれば、天に富を積むことになる。それから、わたしに従いなさい』。その人はこの言葉に気を落とし、悲しみながら立ち去った。たくさんの財産をもっていたからである」

——「マルコによる福音書」10：21－22

この悲しみを逆手にとって脅迫や洗脳で施しを仕組み化し、弱者を救済し格差を是正する。という名目で中抜きするのが国家（と宗教）の役割になる。

だから国家は高くつく。大量の役人や事務員を雇って膨大な手間と費用をかけて徴税した挙句、政府支持率が下がると全家庭に一律○万円のバラマキをしたりする。だったら徴税するな。と言いたくなるが、徴税&再分配主体としての経済的国家は過去百年で驚くほど肥大化している。[※47] 無数の中間組織と補助金スキームが吐き出され、競

※46　Benjamin Moll, Lukasz Rachel and Pascual Restrepo（2022）"Uneven Growth: Automation's Impact on Income and Wealth Inequality." *Econometrica*, Volume 90, Issue 6, pp. 2645–2683.

※47　Martin Wolf（2023）*The Crisis of Democratic Capitalism*. Penguin Press. Table 1.（マーティン・ウルフ『民主主義と資本主義の危機』小川敏子訳、日本経済新聞出版、２０２４年、図１）

争圧力も弱く成果も測りにくい国家は、非効率と非合理の巣窟《そうくつ》になる。「いったい税収の何十%を中間コストと意味不明のバラマキでドブに捨ててるんだろう」という疑問が私たちの中にずっとある。無駄だと思いつづけてきて、実際、無駄である。しかしそれもいたしかたなしということになってきた。他の再分配装置がないからだ。

官僚もネコでいい：市場原理主義的社会保障

だが本当だろうか？　こうした市場vs.国家の分業はある技術的限界を前提としている。一物一価的な全員共通価格システムという硬直したインフラを市場が使わざるをえないという限界だ。私たちがいまお金や市場と呼んでいる存在のデザインが雑すぎるから国家による分配が必要になる、と言ってもいい。

だが、一物多価化された近未来の市場経済を想像しよう。そこではお金持ちほど高い値段をつけるといったことをルール化し自動化できる。一物一価の価格システムが格差を生成したあと税を取り立てて中抜き後に再分配するより、一人一人値段を変える柔軟な価格システムで直接再分配する方が社会保障や格差是正への近道になるかもしれない。

今でもそれに似た再分配や経済保障はできる。たとえばお金をゼロからデザインする仮想・暗号通貨であればベーシックインカム（最低限の収入）やベーシックアセット（最低限の資産）を保障するお金の仕組みは作れる。「どんなことが起きても収入や資産が一定以下にはならない」という制約を組み込めばいい。不完全ながらその芽はすでにある。仮想通貨 GoodDollar[※48] や The UBI（Universal Basic Income）Token[※49] はそれ自体が利用者へのベーシックインカムとなることを目指している。資産や収入に上限を設けることもできる。つまり、ビリオネアが絶対に生まれないような配分公式が埋め込ま

※48　仮想通貨 GoodDollar　https://www.gooddollar.org
※49　仮想通貨 The UBI（Universal Basic Income）Token　https://etherscan.io/token/0xDd1Ad9A21Ce722C151A836373baBe42c868cE9a4

れたお金の仕組みを作ることはできる。自動化されたデジタルなグレートリセットである。[※50]

変奏はいくらでもできる。1章の0→4兆→0の仮想通貨のように時価総額を獲得した暁には、獲得した時価総額の一部を自動的に再分配に用いる設計にすることもできる。金融市場での資金調達による社会保障である。経済格差解消やCO_2排出量削減などの社会目標に紐づけたお金を作ることもできる。お金が流通すればするほど温室効果ガス排出の削減につながる通貨Klimaが一例だ。[※51]花粉クレジットNFTの試みもある。林業従事者が花粉発生源を伐採するとクレジットを発行し、誰かがクレジットを購入するとNFTに価値が生まれる仕組みだ。

似た発想で、お金が流通すればするほど貧しい人にお金が分配されるとあらかじめ約束したお金を作ることもできる。成長を促す資本主義の仕組みの中で分配まで自動実行してしまう方向に資本主義は進化していくと予想できる。それで利益がちょっと損なわれても、国家に搾りとられて無駄づかいされるよりはマシな可能性が見えるからだ。

市場の徹底による分配の実現である。税制とお金の融合だ。社会保障と市場経済の一体化と言ってもいい。国家の徴税＋社会保障＋財政政策に巣食う代理店的なピンハネを消去し、国家ではなく市場の中で自動的に再分配が行われるようにする。そうして国家の再分配機能を過去の遺物にできるだろうか？　データを使って柔軟に一物多価化した市場経済が国家と抗争できるまで発達してその可能性が見えてきた暁には、国家の経済的役割が疑われる未来さえ想像できる。実際、すでに国家よりウェブ経済の方がグローバルな再分配の主体である。格差が分断がとよく騒がれるが、ここ20年で地球全体の所得不平等は前代未聞のスピードで縮んでいる。[※52] 現在の一物一価市場経

※50　PICSY（伝播投資貨幣）という代替貨幣構想もある（鈴木健『なめらかな社会とその敵』勁草書房、2013年）。その機能の一つは分配をお金の設計の中に埋め込むことだ。
※51　仮想通貨 KlimaDAO　https://www.klimadao.finance

済ですら、ウェブの力で十分にグローバルに開放的になってどんな不利な場所に生まれた人にも逆転の機会が与えられるにつれ、再分配機能を獲得していることになる。一物多価化はこの傾向を加速する。

再分配内蔵型の民間市場経済を提供するプラットフォーマーは、再分配という公共政策を行う新種の国家になる。この新しい国家は物理空間より情報空間に住む。市場経済と情報国家が一体化し、栄える。

人間の証明：アナーキーでグローバルな

ただ、壁がいくつかある。一物多価の市場経済による再配分を実現するのに欠かせないもの、たとえば存在と身柄を証明するＩＤだ。ここまですべてがデータになる、履歴データに基づく個人化が進むと連呼してきたが、あなたの履歴と私の履歴を分別できなければ絵に描いた餅である。ベーシックインカムやベーシックアセットも、実在する個人をＩＤで識別できなければ、なりすましアカウントに二重取りされて崩壊する。22世紀の資本主義に向けた必須の準備運動は、したがって、人間であることの証明、そしてそれぞれの人間の唯一無二性を証明するＩＤの構築である。

あなたや私といった個人を識別するＩＤは、しかし曲者である。あなたがあなたであって他の誰かではないことを証明しろ。そう言われると意外に難しい。身分証明書も偽造されているかもしれない。顔も整形しているかもしれない。疑い出すと身分証明はいくらでも難しくなる。特にオンラインでは。この難題に取り組むため、デジタル世界でアイデンティティを証明するVerifiable Credentials（VCs）といった技術や規格が開発されてきた。

※52　Branko Milanovic（2021）*Capitalism, Alone: The Future of the System That Rules the World*. Harvard University Press.（ブランコ・ミラノヴィッチ『資本主義だけ残った――世界を制するシステムの未来』西川美樹訳、みすず書房、２０２１年、図1-1）

ＡＩの勃興はオンラインＩＤをさらに難しくする。１章で触れたなりすまし詐欺を思い出そう。現状のできそこないなりすましアカウントにすら騙《だま》されて数億円を振り込む人がいるくらいである。なりすましアカウントはＡＩが自動生成し、どんどん洗練されながら増殖する。人間と人間を区別するだけでも難しいのに、人間とＡＩを区別することも難しくなっていく。ＡＩの方が美形で優秀で勤勉で性格がよく、信用してしまいそうなのがさらに困る。

人間のＩＤをＡＩから防衛する近未来風の試みとしてWorld IDがある。※53 World IDは人間の眼の虹彩《こうさい》情報に基づくＩＤだ。虹彩データはOrb《オーブ》と呼ばれる専用球体カメラで撮影する。World IDは「人類のための道具（Tools for Humanity）」なる民間組織によって提供され、国家に依存せず世界中で使える分散的人間ＩＤとして構想されている。ディストピア小説そのままで笑えるが、プライバシーやセキュリティの危機管理は巧妙に施され、すでに世界で一千万人以上（２０２５年１月現在）にＩＤを提供している。マレーシア政府など公的機関との協業も進行中だ。

World ID に紐づく仮想通貨 Worldcoin《ワールドコイン》も並行実現されている。※54 お金を脱国家化し、そのお金で国家に依存しない社会保障やベーシックインカムなどを提供することが視野に入る。お金以外の様々なアプリケーションも World App として構築可能だ。似た試みとして「人間性の証明（Proof of Humanity）」というIDとそれに基づく前述の仮想通貨 The UBI Token などもある。来るべきグローバルでアナーキーな人間IDは22世紀の資本主義と民主主義の基礎になる。

市場と国家の離婚と再婚

グローバルでアナーキーな人間IDに紐づくデータは新種の穀物になる。古代の国家の隆盛とともに穀物栽培や農業経済が発展したのは、穀物が課税の基礎として強固

※53 World ID Whitepaper　https://whitepaper.world.org
※54 Worldcoin　https://worldcoin.org

だったからという説がある。[※55]「資本主義は、それが国家と一体化するとき、それが国家であるときにのみ、栄える」（フェルナン・ブローデル『歴史入門』）そうだ。しかしこれからは「国家」の意味が変わる。私たち一人一人の振る舞いと存在のすべてがデータになり、そのデータが市場価格に反映され再配分という実質的課税にも使われる。そのとき、課税の最大の基礎になるのは、穀物や国境や紙幣ではない。人々のIDとデータである。そしてIDとデータを握るのは、これまでの古い国家ではなく、デジタル情報空間に芽生えつつある情報国家になる。これまで資本主義と一体だった古い物理国家から資本主義が離婚し、新しい情報国家と再婚する。

地平線には新種の国家がゆらめいている。何百年か前に似たことが起きた。新大陸が発見され、アメリカという民主主義と資本主義の実験室が創られた。それと似ている。だが今度の新大陸は物理空間にはない。情報空間に生まれる。開拓者がデジタル情報空間に新しい実験室を作っていく。ウェブ上の小さいコミュニティで独自のお金（トークン）を発行し、意思決定の仕組みをスマートコントラクトで動かしている実験者はたくさんいる。[※56] 国家機能の一部をブロックチェーン上のスマートコントラクト化する小国家も出はじめている。たとえばクロアチアとセルビアの間の国境紛争地帯にある未承認極小国家リベルランド自由共和国（The Free Republic of Liberland）などだ。[※57] 独自の政治経済制度を持った「国家」たちが情報空間に産声を上げている。[※58]

※55　James C. Scott（2017）*Against the Grain: A Deep History of the Earliest States*. Yale University Press.（ジェームズ・C・スコット『反穀物の人類史——国家誕生のディープヒストリー』立木勝訳、みすず書房、2019年）

※56　Balaji Srinivasan（2022）*The Network State: How To Start a New Country*. https://thenetworkstate.com/

※57　リベルランドは面積約7平方㎞でバチカンとモナコに次いで世界で3番目に小さい国家である。2015年にチェコ出身の政治活動家ヴィト・イェドリチカ（Vít Jedlička）が自由共和国として設立宣言した。リベルランドは統治と法律を支える基盤であるレイヤー1パブリックブロックチェーン「リベルランド・ブロックチェーン（Liberland Blockchain）」を通じて独自通貨「リベルランド・ドル（LLD:Liberland dollar）」と、統治トークン「リベルランド・メリット（LLM:Liberland Merit）」を発行している。LLMはリベルランド市民が住民投票に参加するために利用でき、リベルランドの統治に参加する権利を表現している。リベランド共和国に移民申請している日本人も数百人いるらしい。

※58　こうした独立運動の思想的背景は、悪しき民主主義と平等主義からの決別を目指す逆張り思想運動・暗黒啓蒙である。Nick Land（2022）*The Dark Enlightenment*. Imperium Press.

今後は万人を惹きつける世界独占情報国家が出現するかもしれない。あるいは、政治権力や経済資本を分配する新しい形を実験し実装する壁が下がり、あらゆる活動や組織ごとに独自のお金・トークンや意思決定ルールを使うことが日常になるかもしれない。10億個の情報国家が乱立する超分権的情報世界に行き着く可能性もある。実際、物理国家が成す今の世界でも国家というのは意外に小粒である。国連加盟国の半分以上は人工1000万人以下で、ニュージーランド（520万人）やシンガポール（590万人）など存在感のある小国も多い。日本で言えば市区町村規模の100万人以下でも「国」になれる。典型的な情報国家に住むのは10人の人間と10億体のAIという謎の未来が待っているかもしれない。

別の地球に移民する時代

情報国家はこの地球にさえ閉じない。だから「双子地球」を想像することもできる。

地球の周りを民間衛星が取り囲むようになり、地球上で起きていることの衛星画像が高い精度と頻度で撮れるようになりつつある。その情報をデジタルデータに変換、地球のデジタルツイン（電脳双子）を作り出せるようになっていく。[※59] この地球のデジタルツインはデジタルデータなので、いろんな変換をかけることもできる。海の青とマグマの赤の色が逆転した地球とか、天然資源がある地域とない地域をひっくり返した地球とか、豊かな人と貧しい人がひっくり返った地球とか、美人とブサイクがひっくり返った地球とか。いくらでも反実仮想の双子地球を創ることができる。

無数の双子地球が情報空間に作られ、双子地球同士がユーザー国民の参入を競い合う。ゲームやアプリのように。それぞれの双子地球は独自のお金・トークン制度や意思決定制度を備えた情報国家が統治する。一物多価などの柔軟な設計を持ったお金や

Curtis Yarvin（2023）*Unqualified Reservations: Vol. I.* Passage Publishing.

※59　European Commission's Destination Earth　https://destination-earth.eu

NASA Earth System Digital Twin　https://esto.nasa.gov/earth-system-digital-twin/

市場経済で格差をどのように自動補正するかがそれぞれの双子地球の売りになる。あるいは、そもそもお金・トークンを廃止した金抜き双子地球も現れるかもしれない。そして、私たちがいま地球と呼んでいるこの物理的な生身の地球は、競争しあう無数の地球の中の一つでしかなくなる。そんな世界がおそらく訪れる。独立国家はかつてこの生身地球の海上や海底や宇宙に構想された。[※60]今日では、米国を分割する市民戦争や独立運動が近未来予測として真面目に語られる。[※61]その独立への欲動がデジタル世界に、双子地球群に染み出す。

退屈で、古く、汚く、遅い生身地球の管理人

そのとき生身地球とそこに住む物理国家たちは愛すべきクソゲー的な空間になっていく。すでに人の目と同じレベルの解像度に達したVR（仮想現実）端末がではじめている（Varjo《ヴァルヨ》社のVRゴーグルなど）。仮想空間上の双子地球と比べた生身地球は、解像度が低く、効率が悪く、不条理で、遅く、ウイルスに感染したり事故にあったりする面

倒な空間になっていく。排泄しなきゃいけないし、シャワーも浴びなきゃいけないし、髭《ひげ》も生えるし生理もくる。老いてシミはできていくし、気づけば楽しく本質的な活動より身支度や健康維持のために使う時間が多い。

ただ、それで生身地球の価値がなくなるわけではない。私たちは、辺境の不毛の土地に観光地としての価値を見いだしたり、実家や故郷に帰ってその効率の悪さや不合理さを見てほほえんだりもする生き物だ。生身地球は、あらゆるデバイスや、あらゆる接続からときどき離れたとき、何と退屈で、何と汚く、何と機能性が悪い世界なんだろう、でもホッと懐かしさも感じる、良くも悪くも私たちの起源にふれる実家的な空間になっていくのかもしれない。だから汚く効率の悪い生身地球を徹底的に生きるスタイルもしぶとく残る。わざわざ銭湯で他人の垢にまみれ、レコードで1倍速に拘

※60　成田悠輔『22世紀の民主主義――選挙はアルゴリズムになり、政治家はネコになる』SB新書、2022年の第3章「逃走」に詳しい。
※61　映画 *Civil War*（邦題『シビル・ウォー　アメリカ最後の日』）

束され、映画館に3時間監禁されたあげく寝落ちし、紙の原稿用紙に文章を書いては紛失する私みたいな人間が今もいるように。

夜警国家ふたたび

もしそうなると、国境で仕切られた物理国土を仕切る福祉国家（「物理国家」と呼ぶ）や自治体の力は、今とは比べ物にならないぐらい異質で脆弱になるだろう。すべてをデータ化し商品化しながら柔軟化する市場経済に押され、物理国家が担う徴税権、そして財政政策や社会保障の役割が弱まる。その結果、警察・軍事・国境・司法などの、物理的場所とそこで起きる物理的暴力の制御が、物理国家の専売特許になるかもしれない。物理国家は斜陽の生身空間の治安維持のための公共警備会社みたいな存在になる。それが一つのシナリオだろう。物理国家は中年の危機に突入する。

突飛な話ではない。ごく平凡な予測だ。21世紀のいま、ある国家に追い出されたり飽きたり不満を持ったりした者が別の国家に移住や難民するのは当たり前になっている。私自身も日本からアメリカに半分移住したことのある人間だ（が、アメリカでの生活は日本以上に辛く、要は人間社会が合ってないことに気づいて困っている）。そんな移民や難民は、西暦1000年当時の人類から見ればSFだろう。同じことだ。人類がある国家から別の国家に移住するようになったように、生身地球から双子地球へ移住するようになる。

そんな先駆者がいる。難病を持って生まれ、アナログ生身地球での社会生活の多くを遮断された私と同世代のノルウェーの青年だ。彼は、多人数同時参加型RPGゲーム World of Warcraft《ワールド・オブ・ウォークラフト》に没入して数万時間を過ごし、生身地球の家族にも知られぬままあちら側の世界で恋人を作り、仕事をし、友人たちに囲まれて亡くなったという。[※62]今後は誰もが彼のようになる。物理空間を仕切る旧国家と情報空間を仕切る新国家が

※62　映画 *The Remarkable Life of Ibelin*（邦題『イベリン　彼が生きた証』）

並存し、後者の役割が増していく。思想・イデオロギーや文化を統制したり、お金や市場、税制を通じて成長と分配を実現するなど、かつては旧国家が握っていた役割が、ちょっとずつ新国家に横ずれしていく。

国家から逃走する国家

ただ条件がある。情報国家が物理国家から逃げ切ることだ。デジタル側のプラットフォーム企業やイーサリアム、World ID+coin、リベルランド共和国のような情報国家候補が、再分配つきのお金や決済、契約・法律の仕組みといった社会インフラを提供し、物理国家から独立を保つことだ。

夢物語ではない。いま私たちが国家と呼んでいるものは地理的な構造に依存している。物理的場所と境界があり、いざとなればその中の生身の人間をとっ捕まえて刑務所にぶち込んだり死刑にしたりできる。そういう物理的暴力が国家の強制力の源泉になっている。が、情報国家はそうした物理的暴力を持てないし、持つ必要もない。逆に言えば物理的制約を超えられる。[※63] 実際、現在のウェブ2・0時代のアメリカ発のIT大企業様たちにさえ、日本のような中小国家はなす術がなくやりたい放題にされている。なにせなりすまし詐欺広告を取り締まらせることさえ苦労しているのだ。[※64] その延長で、仮想空間上の双子地球で法律や契約、お金の仕組みを提供する組織や企業に、生身地球側の日本やアメリカのような物理国家が手を出しようがなくなる状況も想像できる。

※63　しかし未解決問題がある。物理国家の正統性や強制力の源は国土と国境に基づく暴力の占有だった。では、場所を持たない情報国家の正統性や強制力の源は一体なにになるのだろうか？　この問題に答えるには、この小さな本では足りない。22世紀までに答えを用意したい。

※64　なりすまし詐欺広告の放置以外の例もあげておく。メールへの興味連動型広告の導入である。メールの文面を自動的に読み取り、それぞれのユーザーの興味に沿った広告を配信するあの気味の悪い広告である。友人から「京都旅行どう？」というメールを受け取った次の瞬間から、京都のホテルの広告が押し寄せてくるイメージだ。だが、この広告は電気通信事業法が禁じる「通信の秘密」の侵害に当たる恐れがあった。違法性の恐れについて、日本政府はヤフージャパンなど国内企業は脅す一方、GoogleやFacebookなど米国企業は野放しにした。米国企業は「日本国内にサーバーがないので、私たちは日本の電気通信事業者ではない」などとのらりくらり余裕の無視だったと報じられている。（若江雅子『膨張GAFAとの闘い――デジタル敗戦　霞が関は何をしたのか』中公新書ラクレ、2021年）

ウェブ1・0の世界でも、ウェブ2・0の世界でも似た予測はあった。インターネットは新大陸である[※65]、GAFAM的な存在が新国家になるという希望と絶望だ。が、今ではその予測は潰《つい》えた。古き良き物理国家が、情報国家候補を規制して課税して、何かあったときは告発してリンチや分割、お取りつぶしや逮捕できるようにと手を尽くしてきた。結局、企業は逃げ切れなかった。GAFAMでさえアメリカ合衆国のご機嫌を損ねないよう一言一句間違わぬよう細心の注意を払っている。私はそれをGAFAM文学と呼んでいる。

けれど今度はちょっと違う。イーサリアムやWorld ID+coinみたいに独自のお金と契約の仕組みを持つ存在は、物理国家の規制する株式会社と法定通貨で動くしかなかったこれまでの企業とは構造が異なる。そしてAIがいる。鍵は主体・アイデンティティとしてのAIだろう。AI主体は拷問を恐れないし、暗殺されたら生前のデータをコピーして再学習・推論すればいい。逮捕され刑務所にぶちこまれたり死刑にされたら終わりな生身の人間と違い、ＡＩ主体は物理国家から逃避し増殖しつづけることができる。物理国家から逃げ切れるＡＩ主体と情報国家が現れるかどうかが分水嶺になる。こうして、市場と国家の抗争が、そして物理国家と情報国家の抗争が今世紀の基調低音になる。

中毒者の沼

しかしどこかしっくりこない。芯《しん》を食った根本問題を避けているように感じるからだ。すべてが市場経済における商品・契約・取引になるのもいい。価格が一物多価に柔軟化して再分配機能を帯びるのもいい。柔軟になって人の心を身につけた市場経済が国家の徴税&再配分に置き換わるのもいい。でも、それらはぜんぶ今ある市場経済と国民国家の改良であり徹底であり統一である。いくら徹底しても、市場経済に感じ

※65　John Perry Barlow（1996）A Declaration of the Independence of Cyberspace. https://www.eff.org/cyberspace-independence

る根っこの違和感と欠落感は消えないのではないだろうか。

根っこの違和感と欠落感？　それは経済が壊れていると感じること、市場経済が私たちにつけてくる値段という評価が「あるべき真の」価値とズレているように感じることだ。経済が壊れていると叫びたい気分もわかる。※66　介護や保育をする人の多くにはコンビニ飯さえ贅沢に感じられる生活が待つ一方で、有名人の自殺を待ってましたとばかりに滔々《とうとう》と語ってＰＶをかきあつめるYouTuberや、よくわからないスマホゲームで一山当てた起業家は億を得る。この違和感をどうすれば修理できるだろうか？

聞き飽きた処方箋はいつも再配分の徹底だ。この本でも別の場所でも。たとえば万人に無条件で一定の所得を政府が保障するベーシックインカム。すでにちょっと触れた通り、生活保護、失業保険など無数の保障がスパゲッティー状に絡み合ったいまの制度を一元化するベーシックインカムは、社会保障の究極的な簡略化・一元化・全面化だ。

ベーシックインカムに託される夢はでかい。稼ぐためだけに生活を切り売りする労働から人類が解放され、好き勝手に人間に値段をつけてくる壊れた経済から自由になるという夢だ。自発的な強制労働から解放された人類は、市場の評価や値段など気にせずしたいことやすべきことに生活を捧げられるようになる。そんな筋書を、ベーシックインカムを後押しする資産家はよく語る。「次から次へわいてくるやかましい貧者どもに恨まれると大変だ、口に札束でも突っ込んで黙らせておけ」とでも言いたげに。

しかし私は、その夢は夢でしかない、ベーシックインカムは人類を経済から救わないと考える。なぜか？　ベーシックインカムを待たずとも、すでに人類は市場経済での労働を必要としなくなりつつあるからだ。１９７０年から２０１８年にかけて、先進国の労働者１人あたりの時間あたりGDPは約３倍になった。同じ付加価値を生産するのに３分の１の時間しか要さなくなっていることになる。１章で書いたように21

※66　無数の事例やデータをもとに資本主義にキレちらかしたバーニー・サンダースの本にはグッときてしまった。Bernie Sanders（2023）*It's OK to Be Angry About Capitalism*. Crown.

世紀に入ってから人類の生産性の伸びは鈍化しているにもかかわらずだ。

劇的に高まった生産性は、大して働かなくても生きていけることを意味する。先進国で生存のために必須なカロリー源やエネルギー源を市場価格で買うために平均的労働者が働かなければならない時間は、この百年で激減した。過去数十年でも激減している[※67]（図12）。生存するために寝ても覚めても働きつづけるしかなかった20世紀前半までの世界からは想像を絶するほど、労働の客観的重要性は落ちているのだ。百年近く前にバートランド・ラッセルが描いた1日4時間労働の夢に、ジョン・メイナード・ケインズが描いた週15時間労働の夢に、牛歩の速度ではあるが近づきつつある。[※68]

にもかかわらず、労働の「主観的」重要性は衰えを知らない。約100の国・地域で実施されている世界価値観調査（World Value Survey）には「働かない人間は怠惰か」「労働は社会に対する責務か」といった質問がある。これらの問いに対する「そう思う」の率は、過去30年でほとんど変化していない。

奇妙である。物質的にはどんどん働かなくてもよくなっているにもかかわらず、働かなければならないという強迫観念が消える気配はない。だとすると、ベーシックインカムで街から失業中の路上生活者が消えたとしても、失業者の心から「働けず稼げないダメ人間」という負い目が消えることはないのではないだろうか？

ベーシックインカムによって人々の心境が悪化することさえありえる。「ドラゴン

※67　George Gilder（2023）*Life after Capitalism: The Meaning of Wealth, the Future of the Economy, and the Time Theory of Money*. Reguery Gateway.

※68　John Maynard Keynes（1930）"Economic Possibilities for Our Grandchildren."（ジョン・メイナード・ケインズ「わが孫たちの経済的可能性」）

Bertrand Russell（1932）*In Praise of Idleness*.（バートランド・ラッセル『怠惰への賛歌』堀秀彦・柿村峻訳、平凡社ライブラリー、２００９年）

個人的にはラッセルのひねくれた主張の方が好きだ。政府や銀行にお金を渡して戦争や破産に手を貸すより、友だちとの飲み食いで散財してパン屋や肉屋や酒屋を助け、自分も楽しめ。１日４時間労働にして残りの時間は勉強や芸術に使うのがよい、と。

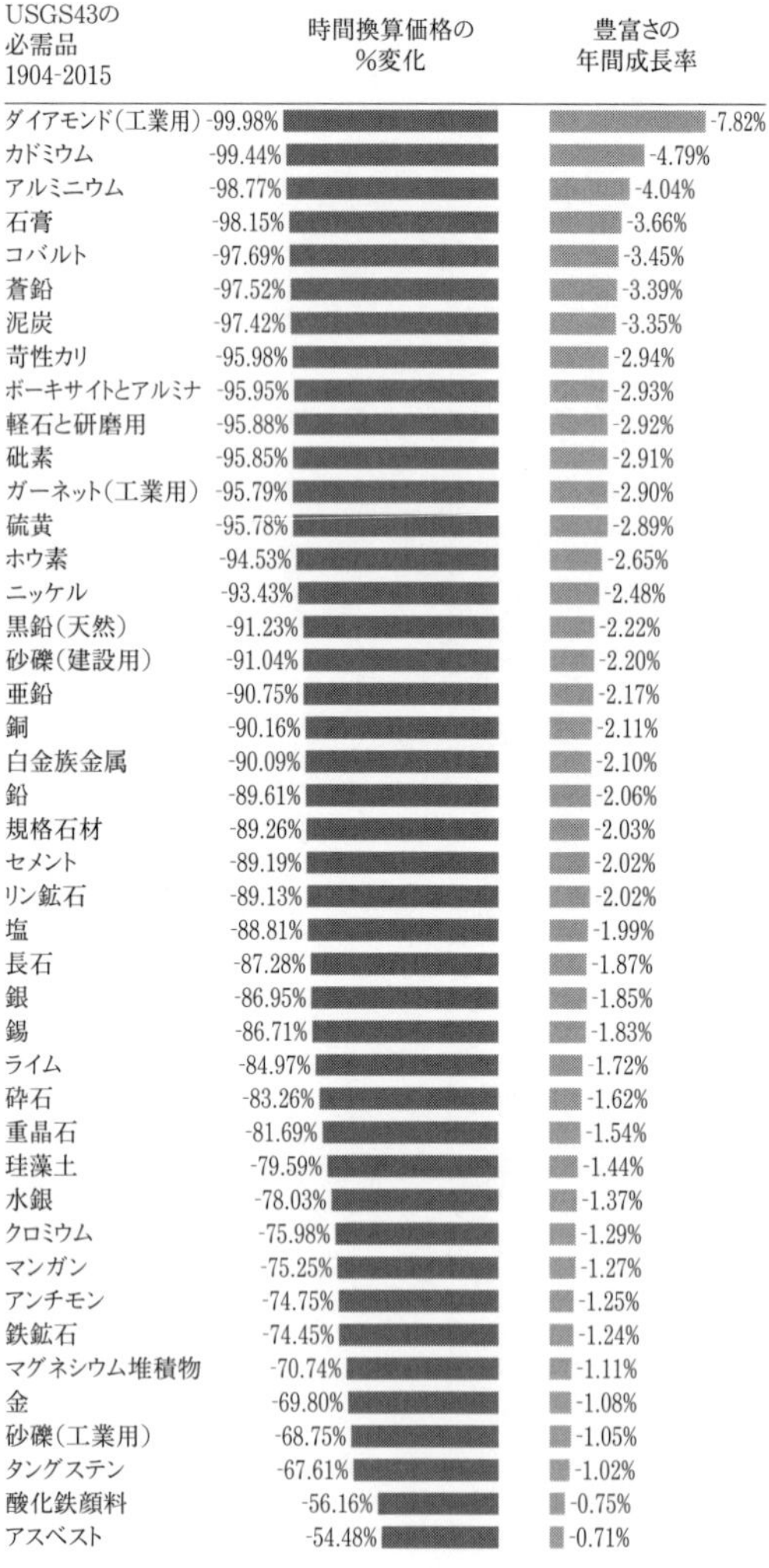

USGS43の 必需品 1904-2015	時間換算価格の %変化	豊富さの 年間成長率
ダイアモンド（工業用）	-99.98%	-7.82%
カドミウム	-99.44%	-4.79%
アルミニウム	-98.77%	-4.04%
石膏	-98.15%	-3.66%
コバルト	-97.69%	-3.45%
蒼鉛	-97.52%	-3.39%
泥炭	-97.42%	-3.35%
苛性カリ	-95.98%	-2.94%
ボーキサイトとアルミナ	-95.95%	-2.93%
軽石と研磨用	-95.88%	-2.92%
砒素	-95.85%	-2.91%
ガーネット（工業用）	-95.79%	-2.90%
硫黄	-95.78%	-2.89%
ホウ素	-94.53%	-2.65%
ニッケル	-93.43%	-2.48%
黒鉛（天然）	-91.23%	-2.22%
砂礫（建設用）	-91.04%	-2.20%
亜鉛	-90.75%	-2.17%
銅	-90.16%	-2.11%
白金族金属	-90.09%	-2.10%
鉛	-89.61%	-2.06%
規格石材	-89.26%	-2.03%
セメント	-89.19%	-2.02%
リン鉱石	-89.13%	-2.02%
塩	-88.81%	-1.99%
長石	-87.28%	-1.87%
銀	-86.95%	-1.85%
錫	-86.71%	-1.83%
ライム	-84.97%	-1.72%
砕石	-83.26%	-1.62%
重晶石	-81.69%	-1.54%
珪藻土	-79.59%	-1.44%
水銀	-78.03%	-1.37%
クロミウム	-75.98%	-1.29%
マンガン	-75.25%	-1.27%
アンチモン	-74.75%	-1.25%
鉄鉱石	-74.45%	-1.24%
マグネシウム堆積物	-70.74%	-1.11%
金	-69.80%	-1.08%
砂礫（工業用）	-68.75%	-1.05%
タングステン	-67.61%	-1.02%
酸化鉄顔料	-56.16%	-0.75%
アスベスト	-54.48%	-0.71%

図 12（左右両グラフとも） 急降下する必需品の時間換算価格

BASIC50の必需品 1980-2020	時間換算価格の%変化	豊富さの変化	豊富さの年間成長率
平均	-75.2%	-303.0%	-3.55%
砂糖	-86.2%	-624.9%	-5.08%
皮	-86.2%	-623.4%	-5.07%
豚肉	-86.1%	-619.6%	-5.06%
コーヒー	-85.9%	-611.1%	-5.03%
サーモン	-85.1%	-572.4%	-4.88%
天然ガス（ヨーロッパ）	-85.0%	-568.1%	-4.86%
木綿	-85.0%	-564.6%	-4.85%
落花生	-83.0%	-489.2%	-4.53%
ココア	-82.2%	-462.8%	-4.41%
ウラニウム	-82.0%	-454.1%	-4.37%
アルミニウム	-81.3%	-434.3%	-4.28%
羊肉	-81.1%	-429.8%	-4.26%
銀	-80.7%	-419.5%	-4.21%
錫	-80.1%	-402.5%	-4.12%
原油	-78.2%	-358.4%	-3.88%
米	-76.4%	-324.2%	-3.68%
ゴム	-76.3%	-321.1%	-3.66%
小麦	-76.1%	-317.9%	-3.64%
大麦	-75.7%	-311.2%	-3.60%
海老	-75.6%	-310.5%	-3.59%
天然ガス（アメリカ）	-75.2%	-303.8%	-3.55%
パーム油	-74.8%	-297.2%	-3.51%
プラチナ	-74.6%	-294.3%	-3.49%
パルプ用材	-74.5%	-292.6%	-3.48%
トウモロコシ	-74.2%	-288.3%	-3.45%
キビ	-74.0%	-285.3%	-3.43%
大豆	-72.4%	-261.9%	-3.27%
液化天然ガス（日本）	-71.6%	-251.6%	-3.19%
肥料	-71.6%	-251.6%	-3.19%
ココナッツ油	-70.8%	-242.4%	-3.12%
オレンジ	-70.8%	-242.0%	-3.12%
石炭	-70.5%	-238.7%	-3.10%
丸太	-70.4%	-238.1%	-3.09%
菜種	-69.9%	-232.3%	-3.05%
羊毛	-69.7%	-230.4%	-3.03%
紅茶	-68.3%	-215.4%	-2.91%
ひき立て材	-67.6%	-209.1%	-2.86%
牛肉	-67.0%	-203.2%	-2.81%
合板	-63.6%	-174.5%	-2.56%
ひまわり油	-63.0%	-170.0%	-2.51%
タバコ	-62.5%	-166.6%	-2.46%
鉛	-60.7%	-154.6%	-2.36%
ニッケル	-58.8%	-142.5%	-2.24%
鶏肉	-58.2%	-139.2%	-2.20%
銅	-44.8%	-81.3%	-1.50%
魚粉	-44.6%	-80.4%	-1.49%
金	-43.2%	-76.1%	-1.43%
亜鉛	-42.0%	-72.3%	-1.37%
バナナ	-37.5%	-59.9%	-1.18%
鉄鉱石	-24.4%	-32.3%	-0.70%

ボール」に「精神と時の部屋」があるのは暗示的である。可処分時間が可能にするのは、自己精神であり、自己反省であり、自己嫌悪である。人は暇だと鬱になる。小金と時間を与えられて人類が手に入れるのは、働けず稼げない自分へのより純化された自己嫌悪かもしれない。ベーシックインカムで救われるはずの貧乏人だけではない。金持ちも実は同じだ。健康でお金に困らない生活は暇との戦いである。暇は鬱を、そしてその裏返しとしての承認欲求を生む。SNSやテレビで豪邸案内をしている哀れな資産家どもを見ればすぐにわかる。

お金から解放されるにはまずお金が必要だという世界観の中に住むかぎり、私たちがお金から解放されることはない。市場が生み出す歪みを再配分で救わなければならないという世界観の中に住むかぎり、私たちが市場から解放されることはない。薬物から解放されるためにはまず薬物で落ち着く必要があるという中毒者の泥沼そのものだからだ。真に必要なのはベーシックインカムやお金ではない。再分配を内蔵した柔軟な市場経済でもない。稼げない人間、働けない人間、値段の低い人間でも何の引け目も感じずに生きられるような経済観と人生観への転換なのだ。

測れない経済へ

そんな新しい価値観を耕すにはどうすればいいだろうか？　一言で言えば、測ることを止《や》めなければならない。金持ちだとか貧乏だとか、成長しているとか衰退しているとか、そういう比較をしたくなってしまう尺度を忘れなければならない。

そもそもふつうの経済は測ることの支配だ。順位をつけられるものたち、数えられるものたちに注目し、交換や増殖などの変換を加えると経済が発生する。しかし、今日の世界を見渡せば、数えられるものは驚くほど少ない。というか、数えたり順位をつけたりして意味があると私たちがとことん思えるものが少ない。

「その時期、僕はそんな風に全てを数値に置き換えることによって他人に何かを伝えられるかもしれないと真剣に考えていた。そして他人に伝える何かがある限り僕は確実に存在しているはずだと。しかし当然のことながら、僕の吸った煙草の本数や上った階段の数や僕のペニスのサイズに対して誰ひとりとして興味など持ちはしない。そして僕は自分のレーゾン・デートゥルを見失ない、ひとりぼっちになった」

——村上春樹『風の歌を聴け』

にもかかわらず、私たちはすべてを測るよう調教されている。この洗脳は驚くほど私たちの全脳を覆っている。円やドルのような法定通貨はもちろん、平等を取り戻すことを目指した教育バウチャーのような擬似通貨でもそうだし、通貨の分散革新を目指したビットコインやイーサリアムのような仮想通貨もそうだ。一物多価の経済も目くそ鼻くそである。測って比べたらダメだということになっている、家族などいくつかの禁忌地帯を除いて、測れる価値が支配しない領域を見つけることは難しい。

歴史を振り返っても、測ることが放棄されたことはほとんどない。かつて、経済が壊れているという感覚は「資本主義」や「市場原理主義」、「新自由主義」の問題だと叫ばれていた。それに対置されたのが、「社会主義」や「共産主義」、そして微温的な「社会民主主義」だ。だが、そのいずれの主義も測定主義には手を触れなかった。人の労働を商品化して測ること（物象化）への嫌悪は示しても、小麦や布を測ることを停止しようとは考えなかった。あくまで数量を測り、値段をつけることは前提として、数量と値段の計算と配分とその結果としての格差をどう変革するかに腐心した。

ここに罠がある。測れるから大小が生まれる。ひとたび大小が生まれれば、大きいものが小さいものを制する。利益率の高い独占者が、競争で利幅を失う負け犬を駆逐する。正の利子がつけば富めるものがますます富む。スケールするものが勝つ。

測定こそ始源だという罠を逃れて、測らない経済は想像できないだろうか？

『貢の銭』

マザッチョ 作／サンタ・マリア・デル・カルミネ聖堂ブランカッチ礼拝堂／1420年代

フィレンツェにあるブランカッチ礼拝堂に1420年代に描かれた壁画『貢《みつぎ》の銭《ぜに》』。礼拝堂の窓からさし込む外光が計算に入れて描かれ、あたかも外光を光源としているかのように人物の影が伸びている。

描かれるのは「マタイによる福音書」17章のある場面。カペナウムという町を訪れたキリスト(中央)は、税の取り立て人に取り囲まれ神殿税金を払うように命じられる。税を払わなければ

ば異端とみなされるが、自分のお金を納めるとパリサイ人に屈服したととられる。だからキリストは奇跡によって納税した。聖ペテロに湖で魚を釣らせ（左奥）、その口から出てきた銀貨で税金を支払ったのである（右手前）。三つの場面が一つの壁画に溶け込む。

魚の口から起きたように、再分配は思いもよらぬ場所で起きる。そう、たとえば再分配の真逆だと思われがちな市場経済の中で。

第3章

構想

やがてお金は消えて無くなる

「お金もあらゆる自然界の存在と同じように、年をとり最後は消えていくべきである」

――お金について考え抜いた思想家で起業家シルビオ・ゲゼル（1862年－1930年）

やっぱり猫が好き

答えをくれるのはいつもネコだ。アメリカ人作家が書いた「招き猫（Maneki Neko）」という小説がある。※69 日本がまだ未来の香りをまとっていた、そしてまだスマホはなくネットもよちよち歩きだった1997年の短編SFだ。招き猫は巨大な助けあいネットワークである。人々はポケコンと呼ばれる架空の謎装置で招き猫ネットワークに接続する。主人公の剛《つよし》が喫茶店でモカ・カプチーノを注文しようとすると、ポケコンが鳴って同じものをもう一つ注文しろという。もう一つテイクアウトして公園に向かい、ポケコンの合図に従って見知らぬ人にモカ・カプチーノを渡す。すると相手は驚きつつ、それが好物だと語る。ポケコンの指揮に導かれて何かのついでに他人にお土産を届けたりもらったり、ささやかな親切をしあう。

四半世紀以上が経った現在のUber Eats《ウーバーイーツ》っぽい光景だと早合点してはいけない。そんなものよりはるかに豊かだ。本人が声を上げて手を動かさなくても招き猫は隠れた欲求を汲み取ってくれるし、届ける人も小銭のためだけに嫌々届けているわけではない。そこに蠢《うごめ》く欲望や作り出される価値はもっと多様である。招き猫ネットワークに繋がった人びとは、それぞれが稼いだお金で空腹をすばやく楽に美味しく満たすだけではない。助けたり助けられたり、人の経験に相乗りして新しい世界を教えてもらっ

※69 Bruce Sterling "Maneki Neko"（ブルース・スターリング「招き猫」（『タクラマカン』小川隆・大森望訳、ハヤカワ文庫、２００１年所収））

たり教えたり。見知らぬ他人同士が親切や贈与をしあうという見果てぬ夢がそこにある。お金や国家と同じくらい大規模で、しかし自発的で匿名な親切網だ。

そんな招き猫をもっと太らせ繁殖させよう（図13）。招き猫たちだけで経済が動き、お金はもういらなくなった世界はないだろうか。

図 13　豪徳寺に住む招き猫たち
昔むかし、鷹狩り帰りの殿様（彦根藩主・井伊直孝）が門前にいた猫に手招きされ、立ち寄ることに。すると突然雷が鳴り大雨が降りはじめたという。災難を避けられた殿様は、のちに豪徳寺の再興を支援することになる。招き猫を通じて福が巡る。©Unsplash（Melvina Mak 撮影）

「お金は諸悪の根源である」

ちょっと先走ってしまった。ゆっくり整理しよう。すべてを飲み込む資本主義市場経済がもたらす公害の一つは、お金を使って値段をつけるという価値の測り方が単純すぎ歪んでいることだった。だから「その歪みをどう解消するか」「もっとまともな別の価値の測り方をどう作るか」を私たちは議論する。GDPに代わる社会経済的進歩の指標を作ってみたり、[※70] 成長中毒から抜け出す脱成長が大切だと説いてみたり、[※71] 一

※70　たとえば社会進歩指数（Social Progress Index）や The Spirit Level を見よ。社会進歩指数：https://www.socialprogress.org/social-progress-index　The Spirit Level at 15: https://equalitytrust.org.uk/evidence-base/the-spirit-level-at-15/

※71　Jason Hickel（2020）*Less is More: How Degrowth Will Save the World*. William Heinemann.（ジェイソン・ヒッケル『資本主義の次に来る世界』野中香方子訳、東洋経済新報社、2023年）脱成長（degrowth）論に私はくみしない。まず、脱成長するべきだという規範的主張の根拠が乏しく、脱成長できるという政治的現実性も乏しい。さらに深い疑問もある。脱成長といった時点で成長に対する逆張りアンチテーゼになってしまう。成長や脱成長を測り比べるお金を前提としてしまっている。経済活動を単純化するお金的な尺度という同じ穴の

物多価に価格を多次元化し再分配を組み込んだ柔軟な市場経済を想像したりする。

が、徒労感がある。今ある歪みを矯正しようが価値軸をひっくり返そうが、一次元の価値尺度を使う以上、何らかの恣意性や歪みは避けられないからだ。大切なのは価値尺度の逆転ではない。単純な価値尺度を必要としない世界を作ることだ。

お金をいかに経済から抜くか。そう言い換えてもいい。お金を使った価値の測定こそが単純化を引き起こすからだ。「お金を愛することは諸悪の根源である」（『新約聖書』）と言われてきた。お金自体が邪悪であるというより、お金による価値の歪んだ測定が副作用として諸悪を生み出すという意味だろう。

なぜお金は諸悪を生み出すのか？　2章で詳しく論じたように、どんな経済活動や社会貢献をしてきたか、どれだけがんばったか怠けていたかといった人間の過去の行動履歴を単純な一次元に圧縮したものがお金だ。なぜお金を使って過去のギブ&テイクや貢献を測らなければならなかったのか？　私たち人間の認知能力と情報技術が未熟だったからだろう。過去の行動履歴をちゃんと記録することができず、経済活動の実態に対して記録できる情報やデータがあまりに貧しかった。だからその実態と記録のギャップを埋めて記録の機能を代行してくれる存在が欲しかった。その役割を担ったのがお金だった。そして選択や交渉する人間の処理力が低すぎるため、ある商品やサービスを手に入れるかどうか決めるときにも高いか安いかといった問題に話を単純化する必要があった。そのためにもお金が便利だった。

そして習慣は怖い。その場しのぎの便利だがポンコツな物差しだったはずのお金を使いつづけるうち、お金で測られる値段や時価総額や年収や資産が「価値」であるかのような倒錯が生まれた。この厄介な倒錯は私たちの内面に目指すべき目標として埋め込まれ、今に至る歪みを生み出してしまったのだろう。偶然か必然か、お金の勃

ムジナである。成長はクソかもしれないが、脱成長も同じくらいクソである。

興と哲学や悲劇の誕生は近い時期に起きている。お金が染み渡っていった経済と社会に軽視されるようになった様々な価値の次元。人々はそれを表現する欲望に駆られた。それがギリシャ哲学やギリシャ悲劇の誕生を促したという説もある。※72 こうしてお金は諸悪の根源になった。

だが、お金がもはや必需品でなくなる日も近い。経済社会活動を記録する情報やデータの量が増えて実態と記録のギャップがなくなるにつれ、お金の役割は少なくなるからだ。その日を先取りして想像したい。情報・データ技術を用いて単純な価値尺度自体を蒸発させるような実験はできないだろうか？

お金を使わず値段をつけず、価値が高いとか低いとか比べない経済である。測って比べるから大小や高低が生まれ、大小や高低のような非対称性はすぐに優劣に脳内変換される。大きいものが小さいものを制し、成長するものが勝つ。正の利子がつけば、富めるものがますます富む。そして規模が価値になる。とすれば、壊れた経済を修理する一番の方策は、経済を測れなくすることではないだろうか。

招き猫と泥団子

そこで招き猫と泥団子の出番になる。まず電脳空間上に経済活動を仲介する仮想の「招き猫」アルゴリズムを作る。[※73] 招き猫アルゴリズムはお金に溺《おぼ》れない。お金で測られる価格を介さず、それぞれの人の属性と過去の活動履歴データに基づき、誰が何を欲しているか、誰が何を作ったりやったりすることができるか察知する。そして人々の好みを尊ぶ配分を計算し人々に行動を促す。この章の冒頭の招き猫物語のよう

※72 Richard Seaford（2004）*Money and the Early Greek Mind: Homer, Philosophy, Tragedy*. Cambridge University Press.

※73 アルゴリズム【algorithm】
①計算や問題を解決するための手順、方法。
②コンピューターのプログラムとして実行可能な計算手続き。
もとは算用数字を用いた筆算のこと。アラビアの数学者アル＝フワーリズミーの名にちなんで「アルゴリズム」と呼ばれる。

に、データを使って人々を福へと誘う。招き猫アルゴリズムによる計算結果は様々な資源・技術・時間に関する制約を満たすように求められる。再分配の欲求も反映され、税金などを介さずそこそこ公平な結果を直接求める。一物多価の柔軟市場経済が目指したのと同じように。招き猫アルゴリズムの手招き（推薦）の範囲で人々は好きなことをする。

その人が何をしたり手に入れたりすることが許されるかを直接計算し推薦するような経済だ。複数の選択肢から最終的に選ぶ自由は人に委ねられるけれど。好き勝手に人に寄生し過ぎた人間はだんだんと許される行為の幅が減っていき、しばらくのあいだ他人に貢献するしか許されなくなっていく。そうならないように何をしておけばいいかも招き猫アルゴリズムがおすすめしてくれる。生活や行動全体の推薦であり凍結・BANである。

こうして価格やお金が消失した経済が生まれる。何を作り何をし何を手に入れるかが直接決まるので、高いとか安いといった値札や物差しはいらない。そしてお金や値段がなくなる代わり、交換やサービスや親切のようなやりとりの証を刻み込んだデータが残されていく。そのデータを刻み込んだそれぞれのやりとりの証はそのやりとり固有の、たった一つだけのアート作品のような、ひとつひとつ作り込まれた泥団子のような存在である。他の何物にもかえられない泥団子が経済活動を媒介し循環する。そんな経済像だ。

この測れない経済はこの章の冒頭の招き猫の物語だけではなく、第0章で描かれた思い出の泥だんご学級経済にもどこか似ている。ただもっとずっと大きい。顔見知りだけの教室や近所から人類を繋ぐ広大なウェブへと羽ばたく。ウェブにはグローバルでデジタルな村落経済が待っている。そんな価格・お金抜きで行動履歴データに基づく測れない経済は、未来への飛躍であると同時に太古と幼少への回帰にもなるだろう。

経済はデータの変換である

「測らない経済」などという語義矛盾を大真面目に考える。そのためにひどく乱暴な断言からはじめたい。経済とはデータの変換であるという断言である。人々が何を欲しているか、そして人々が何を供することができるかを表す何らかのデータを入力する。何が欲しいか必要かは人によって違う。何を生産したり提供したりできるかも人や組織によって違う。その多様な欲望と能力の入力データに対し、人々の欲求を満たす何らかの資源配分を出力する。資源配分、つまり誰が何を作ったりやったりして誰が何を手に入れるかの役割分担である。ただし、技術的に作れないものは作れないし、1日は24時間しかない。出力される資源配分はそうした様々な制約を満たすことを求められる。そのような入出力装置が経済である。

経済のデザインとはしたがって、(1)入力される欲求と能力にまつわるデータ、(2)出力される資源配分、(3)データから資源配分を計算するルールやアルゴリズム(計算手続き)、習慣をデザインすることに行き着く。

データから資源配分を計算するルールには色々ある。意識的に誰かがデザインして強制するルールもあれば、みんながバラバラに試行錯誤した結果ルール的なものが自然と立ち上がって慣習化することもある。前者を集権的で意識的・強制的なルール、後者を分権的で自生的・習慣的なルールと呼ぼう。前者の集権的で意識的なルールの例はオークションである。たとえばネットオークションに参加するとき、そのオークションはどこかの企業が決めたルールで動いている。エンジニアが意識的に書いて管理するプログラムにしたがって動くので、集権的で意識的でルールだ。(1)入力される欲求と能力データとして参加者は入札額を提出する。その入力に対してオークションのルールを当てはめると、誰が何をいくらで手に入れるかという(2)資源配分出力がなされる。

一方、分権的で自生的なルールの身近な例にも私たちは毎日出会う。全員共通価格を使った市場経済という慣習である。街中の店で物を買う日常を眺めてみる。それぞれの店がそれぞれの物に値札をつける。それぞれの人は色々な店や物を見比べ、その値段を支払ってもいいと思った物に代金を払って手に入れる。そこにはっきりしたプログラムやアルゴリズムがあるわけではないし、どこかの誰かがそうすると法律で決めて強制したり管理したりしているわけでもない。なんとなくみんなが商売や生活を営むうちに自然と生まれて定着した慣習的ルールである。

ここでは、売り手は値札をつけ、いくらもらえば何を売ってもいいかを表明する。買い手はその値段で買いたいかどうかを決め、何をどれくらい欲しいか表明する。これらが暗黙に(1)欲求と能力データ入力になる。そしてみんなが好きなように売り買いした結果、誰が何をいくらで手に入れるかという(2)資源配分出力が出てくる。オークションのようにはっきりとしたルールはないが、人々の慣習とバラバラな行動が(1)から(2)を作り出す。

こうした分権的で自生的な価格を使った市場経済の分析はミクロ経済学と呼ばれる分野で長らく行われてきた。[※74] 一方、集権的で意識的なルールのデザインや分析も歴史は長い。何を望んでいるかという入力(1)に関する情報を人々や企業に自己申告してもらい、その申告に基づいて意思決定や資源配分の出力(2)を決める様々な制度(3)をゼロから設計する研究分野だ。メカニズム・デザイン（制度設計）と呼ばれる。[※75] わかりやすい成果は世の中で広く使われているオークションの設計である。集権意識的ルールと分権自生的ルールのどちらが望ましいのかをめぐる百年前の論争（社会主義経済計算論争と呼ばれる）もあった。[※76]

※74　Michihiro Kandori（2023）*Mighty Microeconomics: A Guide to Thinking Like An Economist*. Cambridge University Press.（神取道宏『ミクロ経済学の力』日本評論社、２０１４年）
※75　坂井豊貴『マーケットデザイン入門――オークションとマッチングの経済学』ミネルヴァ書房、２０１０年
※76　西部忠『市場像の系譜学――「経済計算論争」をめぐるヴィジョン』東洋経済新報社、１９９６年
Levy, David M. and Peart, Sandra J.（2008）“Socialist Calculation Debate.” *The New Palgrave Dictionary of Economics*（2nd ed.）.

データを食べる招き猫が経済を自動化する

だが何か違和感を感じる。以上の教科書的な議論がちょいと古臭く感じるのだ。どこが古臭いのか？　分権的で自生的な市場経済慣習にせよ、集権的で意識的に作られた資源配分メカニズムにせよ、人間がそれを作り出し、人間がそこに参加して考えて行動することを前提としていることが多い点だ。しかし人様の手をそこまで煩わせる必要はあるだろうか？　特に22世紀には。

人に喋《しゃべ》らせなくてもデータが喋る。今の世界ですら、人間に直接頼んで好みや欲求、メッセージを申告してもらわなくても、私たちが何を求めているかに関する好みの情報がデータベースに絶えず溜《た》まっている。店やネットで何かを買ったり評価したりリピートしたりした情報はもちろん、様々なセンサーデバイスや監視カメラが捉える日常の中での言葉や表情や体反応、安眠度合いや心拍数や脇汗量、ドーパミンやセロトニン、オキシトシンなどの神経伝達物質やホルモンの分泌量……あらゆるデータ源から、様々な商品やサービス、物や事に対する人々の意識と無意識の好き嫌いや、価値観が漏れ出している。「これがないとほんと死ぬ」「うわぁ生理的に無理」といった反応がデータに刻まれている。

ならばこんなこともできる。それぞれの人の属性や過去の行動、選択反応の履歴データから人それぞれの好みを推定する。[※77]さらにその人の好みを代弁してくれるＡＩ代理人を作ってもいい。データベースから推定されたそれぞれの人ならではの好みに基づいて、その人の好みにあった商品やサービスの配分を直接計算し推薦する。無数のデータ源から意思決定や資源配分の計算と推薦を行うのは自動化・機械化された市場経済アルゴリズムである。

※77　そのような手法は需要分析、選好推定、離散選択といった専門分野で開発されてきた。Kenneth E. Train（2009）*Discrete Choice Methods with Simulation*（2nd Edition）. Cambridge University Press.

そんな市場経済アルゴリズムを「招き猫アルゴリズム」と呼ぼう。そう、データから人を福へと誘う招き猫である（図14）[※78]。個別の商品やサービスを誰が手に入れるかという狭く小分けになった局所的な意思決定が起こる場合もあるし、様々な商品やサービスを混ぜ合わせた市場レベルで多くの人を同時に巻き込んだ資源配分が行われる場合もある。望ましい配分を計算する招き猫アルゴリズム自体も、過去に様々なアルゴリズムを動かして試行錯誤したデータから自動設計できる。

もちろん「望ましい資源配分」は曲者である。望ましい配分はいくつかの目標を汲み取る必要がある。第一に、できるだけ多くの人の好みを汲み

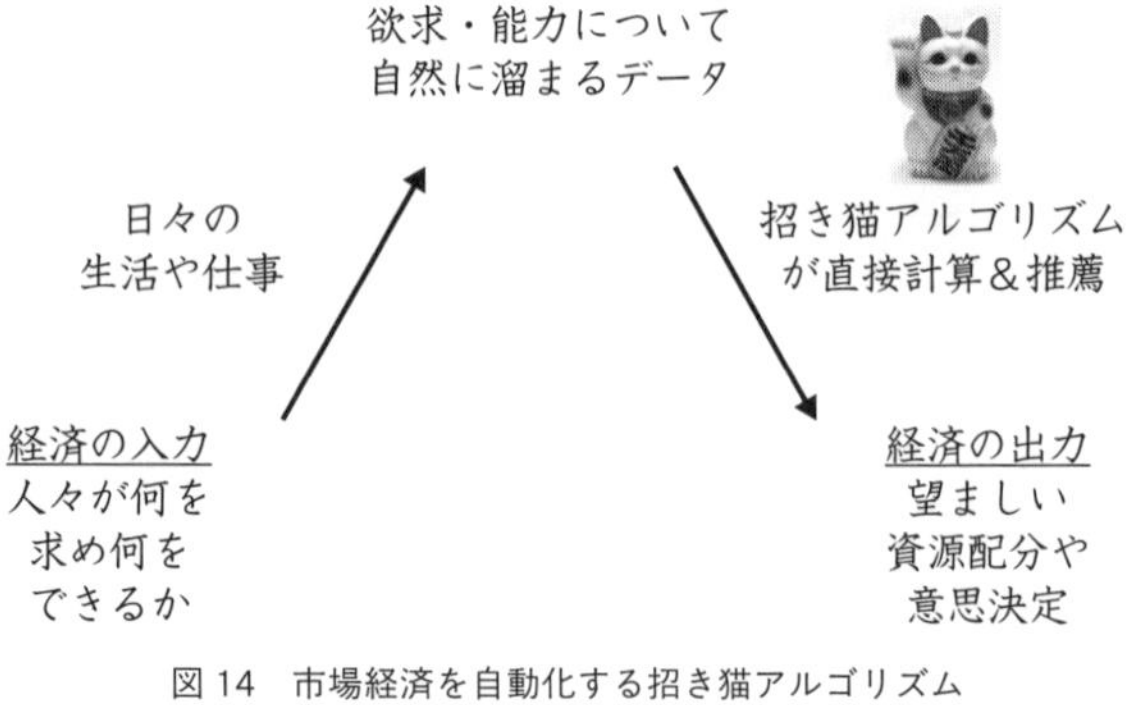

図14　市場経済を自動化する招き猫アルゴリズム

取って満足させること。効率性と呼ばれることも多い。選択や来歴のデータから推定されたそれぞれの人の好みにしたがって、その人が喜びそうな物や事を推薦する。この章の冒頭の招き猫の物語にあったみたいに、本人たちが気づいていない欲求に先回りで応えてしまってもいい。好みの中に好奇心や新奇性を調味料として含めてもいい。同じ人でも日によって気分が違うかもしれないし、ちょっと違う物や事を試してみたいかもしれない。だからまだ試していないものやごぶさたなものをランダム（無作為）に混ぜてみてもいい。過去のデータから未来に起きる取引を計算する招き猫アルゴリズムにランダムなホワイトノイズが入る。ノイズが未来を過去からちょっと解放する。

ただそれだけでは足りない。第二に、人々の望みを組み込むにももちろん限界があ

※78　そのような手法を開発するデータ駆動メカニズムデザインと呼ばれる学際分野が立ち上がりつつある。経済学とコンピューターサイエンス、機械学習の融合領域だ。専門的解説としては以下が詳しい。
成田悠輔・矢田紘平「データで社会をデザインする（17）実験デザイン（4）データ駆動メカニズムデザインへ」、「経済セミナー」2024年6-7月号所収、日本評論社
成田悠輔・矢田紘平『データで社会をデザインする』近刊

る。世の中にある資源や時間には限りがあるし、技術的に作れないものは作れない。そうした社会全体に存在する様々な資源や技術の制約を満たさなければならない。そして第三に、望ましい配分は再分配や公平性の欲求にも目を配らなくてはならない。ある人や集団だけがやたらと満足しているのは困る。限られた何かを分けて再分配するときに誰を重視するかによって色々な配分が立ち現れる。

人々の満足、社会的制約、そして公平性欲求。この三者をバランスするように、過去の履歴データに基づきどのような行動をそれぞれの人が取るべきか、招き猫アルゴリズムが計算し推薦する。望ましい配分はだいたいいくつもあるので、いくつもの候補を推薦してもいい。推薦群の中からどれを最終的に選ぶかは個人それぞれの自由に委ねられる。デフォルトの推薦にしたがってもそれに反してもよい。推薦から逸れた情報もその都度汲みとられ、招き猫アルゴリズムへの入力データに組み込まれる。招き猫アルゴリズムは人々の好みの変化も学習し、予測を更新していく。自分で考えて選ぶのが面倒臭ければ、アプリやＡＩに選択を委ねてしまってもいい。いまの生活でも無数のアプリが私たちが何を体験すべきか、何を購入すべきか、誰と関わるべきかを絶えず推薦して私たちの行動を操作してくる。それと原理は同じだ。その範疇《はんちゅう》があらゆる行動に拡張する。星の数ほどの商品やサービス、活動があるので、どちらがよいか決めかねるということも多い。そういうときはランダムに選んでしまう。

分権的で自生的な市場経済vs.集権的で意識的なメカニズムという二項対立は時代遅れになる。ゆっくりと、しかし着実に遍在するデータベースとアルゴリズムたちの群れが両者を乗り越えて統合する。

資本主義からお金を抜く

そしてお金の姿がない。値段や収入が見えない。これが招き猫アルゴリズムで起きるもう一つの大事な変化である。招き猫アルゴリズム経済では資源配分や意思決定がデータから直接に決まる。誰かが誰かに一宿一飯を与えるのかもしれないし、逆に誰かが誰かを密着取材してドキュメンタリー化するかもしれない。そこにお金や価格のようなわかりやすく測れる物差しはなくていい。ただ何かを制作したり労働したり親切したり交換したりする「やりとり」が起きるだけ、あるいは推薦され誘発されるだけだ。測らない経済が起こる。

　不思議ではない。招き猫アルゴリズムが食べるデータはあなたが何者なのか、人にどれだけの貢献や寄生をしてきたのかをあけすけに物語る。お金の有無よりもずっと貴重で言い訳の利かない記録である。だからデータそのものがお金に代わる人の価値

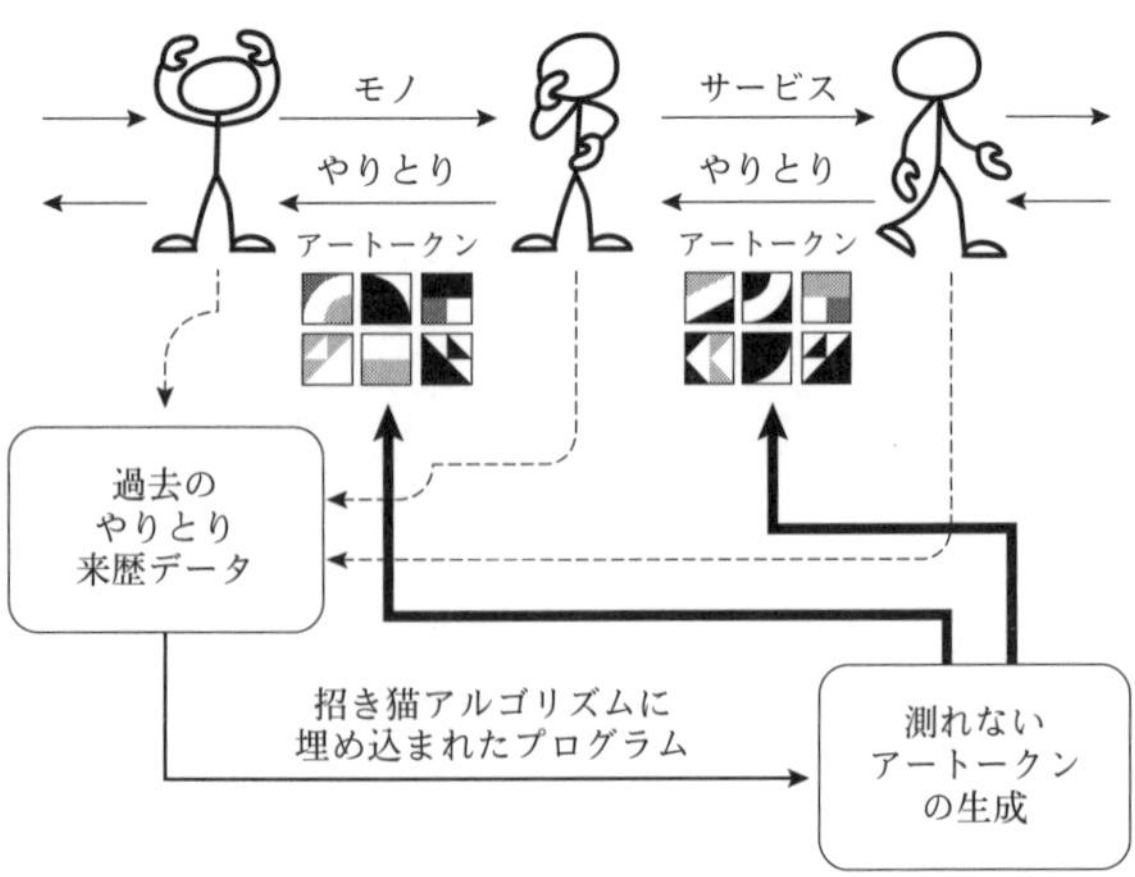

図15　招き猫アルゴリズムが誘発するやりとりの連鎖とアートークン発行

の表現になる。他の誰でもないその人ならではの、多次元で測りにくく比べにくい価値を表すアート作品のような存在である。

測れる物差しはいったんすべて忘れてみよう。ここに価格はない。利子もない。仮想通貨もない。バウチャーもない。それぞれただ一回きり、他と比べることのできない贈与や交換のような「やりとり」の連鎖があるだけの場所だ（図15）。招き猫アルゴリズムの手招き（推薦や指示）にしたがって、甲と乙の間でやりとりが起きた。甲が乙の肩を揉んであげたのかもしれないし、戦場で銃弾から救ったのかもしれない。突然暴言を吐きかけたということもありえる。ポジティブっぽくてもネガティブっぽくてもいい。ポジティブかネガティブかのラベルもいらない。ただそのやりとりが起きた。それだけでいい。

招き猫アルゴリズムが誘発するやりとりは取引のような、贈与のような、でもどちらとも違うコミュニケーションである。取引と違ってそこに金銭は発生しない。贈与に似てやりとりには金銭が絡まない。計測を拒絶する。人からの贈り物がいくらしたか、それに価値がどれくらいあるかないか測ってはいけないのと似ている。

ただ、贈与と違ってやりとりは対称的である。贈った者が贈られた者に引け目を感じる必要はない。取引のように双方向的でそのつど解消されていく、しかしお金を介さない贈与がやりとりだ。招き猫アルゴリズムはそんなやりとりを不眠不休で引き起こしていく。

やりとりはただの一方的な贈与を超えた双方向の行為である。それを可能にする仕掛けとして、招き猫アルゴリズムが食べて作るデータから唯一無二の証が発行される。やりとりを証明するこのかけらを「アートークン」と呼ぼう。アートのようにそれっきりの一つのもので、取り替えがきかず、複製できず、反復できない一回性と単独性を身に纏《まと》う。しかしトークンやお金のように経済取引を媒介する。アート＋トークンだ。アートークンは量産できないばかりか、数えられず、比べられない。アートークンの身元保証と行先管理はブロックチェーンで分散実行する。アートークンはデータの一種だから、今の世界で暗号通貨やデジタルアートのＩＤ管理や偽造防止にブロックチェーンが用いられることの延長だ。１章での暗号通貨やＮＦＴに関する議論を思い出してほしい。

あるやりとりが産み落とすアートークンは、そのやりとりとそれが行われるに至った来歴データの可視化である。アートークンの原料である招き猫アルゴリズムの入力データには、やりとりを行う甲と乙がどんな人々で、誰とどのようなやりとりをしてきたか、やりとり関係がいつどう破綻したかといった社会網情報が含まれる。過去の人生の時空間軌跡イメージの圧縮だ。その圧縮情報を写し込んだそのやりとり固有のアートークンを産み落とす。甲乙の来歴がアートークンに差異をもたらす乱数シード（種）になる。この一連の作業はぜんぶ、計算機内の招き猫アルゴリズムに組み込まれたプログラムが勝手に実行する。人の手は煩わせない。猫の手を煩わせる。

泥団子ふたたび

しかしそのアートークンというやつは誰がどう生成するのか？　アートークンには第0章で思い出した泥だんごの面影がある。どちらも経済活動を繫ぐ測れないシンボルだ。だが、未来にアートークンを生成するのは子供たちではない。招き猫アルゴリズムの中に住むプログラムである。そんなプログラムがどうやってできるんだ、いったい誰がそんなものを作れるんだ？　そう思われるかもしれない。でも、今日の測れる経済でも、多くの取引や値づけは機械が勝手に実行するようになっている。私自身もそういう値付け機械の設計に関わってきた。人がメルカリで物を売るたび、どれくらいの値段で売るのがよさそうかおすすめの相場が落ちてくるのを体験したことのある人も多いだろう。あのおすすめ価格は機械が計算している。さらにオンラインオークションでも株式・債券の取引や入札でも、何にいくらを入札するかはもう機械が決めていることが多い。

そして価格のような一次元の数字を超えてアートークンは高次元化し測りにくくなる。ここ10年で人工知能が生成したアートというふれこみの絵画や写真、音楽、動画、文章が爆増した。あの人工知能アートを機械自動生成しているのは、機械学習を使った生成モデルと呼ばれる機械だ。たとえば拡散モデルやTransformerなどを要素技術とし、2022年ごろからの生成AIや大規模言語モデル（LLM）の爆発で一気に日常化した。今では何の知識も技術もない小学生でも言葉による命令ひとつでアートらしきものを生成できる。

昔も今も科学技術は世界がどうなっているのか理解したいという欲望の表れである。でも理解するとはどういうことだろうか？　一つの姿勢は、世界を理解できたなら世界を再現できるはずだというものだ。だから、科学者や技術者は世界を再現できる簡潔なシミュレーターを追い求めてきた。たとえばリチャード・ファインマン。彼は物理世界を再現するシミュレーションがしたかった。そのためには物理世界と同じく量子力学的な原理で動く計算機が必要だと考えた。そこで彼が構想したのが量子計算機である。[※79]量子計算機こそまだ使われていないが、現代の統計学者や経済学者は「世界が生み出すデータと似た振舞いをして、世界の箱庭を提供してくれる統計モデル」をデータから推定し、その箱庭モデルを使って未来の予測や過去の検証をする。この発想を横滑りさせ、アートやその他の作品に当てはめてみる。

実データ～実在のアート

推定した箱庭モデルの振る舞い～新たに人工的に生成されたアート

　こうして「実在アートと似た人工アートを作ってくれる芸術機械」が得られる。DALL-EやStable Diffusion《ステーブルディフュージョン》、Midjourney《ミッドジャーニー》はその実現だ（がこういった固有サービス名も22世紀を待たずとも来年には古びていることだろう）。彼ら芸術機械は24時間いつでも稼働でき、稼働するたび違った作品を作り出す。指示する言葉（プロンプト）やヒントとして入力されるデータが変わるたび、出力される作品も変わる。唯一無二の徴《しるし》を量産できるようになった。泥だんごを作る子どもたちは全身全霊を尽くして膨大な時間費用を支払うが、アートークンを作る機械は限界費用ほぼゼロで無《む》尽蔵《じんぞう》に作る。※80

「アートはお金になる」から「お金がアートになる」

すでに稼働している芸術機械を使うだけで、画像や動画・言語などで表現されるアートークンはいくらでも作れる。将来的に、言語や視聴覚以外の五感や物質のデータ化が進めば出力の幅は広がっていく。家具や建築もありえるし、食べ物や飲み物でもいいし、果ては新しい都市や生命も合成できるようになるかもしれない。五感や様々

※79　Richard P. Feynman（1982）“Simulating Physics with Computers.” *International Journal of Theoretical Physics*, 21（6/7）pp. 467–488.

※80　限界費用は何かを新たに追加で作る時に追加でかかる費用のこと。アートークンの無際限生産は限界費用ゼロ社会の現れである。
Jeremy Rifkin（2014）*The Zero Marginal Cost Society: The Internet of Things, the Collaborative Commons, and the Eclipse of Capitalism*. St. Martin's Griffin.（ジェレミー・リフキン『限界費用ゼロ社会――〈モノのインターネット〉と共有型経済の台頭』柴田裕之訳、ＮＨＫ出版、２０１５年）

な物質・情報のあらゆる組み合わせで表現されるアートークンができる。そんなアートークンが、これまでは無色透明で無味乾燥だった経済的やりとりに色や形や温もり、そして味や匂いを添えていく。

「アートのような」と言ったが、これらが「優れた」アートであるかどうかは大事ではない。「本当の」アートと呼ぶべきかどうかさえあまり問題ではない。アートと呼びたくなければ、実家の夕飯といってても今朝のウンコと言ってもいい。ひたすら作り出されるが、二つとして同じものはなく唯一無二で、その瞬間かぎりの何かであればそれでいい。

だから「アート」という気取った字面に惑わされないでほしい。それぞれのやりとりやアートークンが特別だと言いたいのではない。それらは少しも特別ではない。それがいかにありふれているか私たちは知っている。夕飯やウンコのようなしょうもない「アート」でいい。にもかかわらず、このやりとりは、このアートークンは他の何

図 16　アートークンの芽：経済活動を媒介する測れない徴たち
上／柴犬ミーム　中左／絵文字・スタンプ　中右／日々の写真
下左／怪文書や脅迫状　下右／泥団子

ものでもない唯一無二のものだ。一人一人の人間がちっぽけでありふれていても、他の誰とも違うのと似ている。この感じを見える化し仕組み化するのがアートークンのやりとりである。

やりとりごとに生成されるアートークンは安くも高くもない、やりとりそれ自体の固有の証だ。ここに値段はない。高いか低いかウンウン唸って悩む必要も交渉する必要もない。ただ、招き猫アルゴリズムに手招きされたやりとりをしたければすればいいし、したくなければしなければいい。今の世界で買いたくなければ買わなくてよく、買わされてしまって後悔したらクーリングオフすればよく、働きたくなければ働かずに貧しくなる自由があるのと同じだ。招き猫アルゴリズムは値札もつけず、何も強制しない。いちいち考えて決めるのが面倒ならアプリやAIに判断を丸投げしてもいい。やりとりするとそれぞれの人のデータが更新され、アートークンという付録がついてくる。アートークンはやりとりが行われたことの証明であると同時に、そこで起きたことへの感謝やハグのデジタル表現でもある。ありがとうのデジタルトランスフォーメーション（DX）とも言える。もちろん、感謝の代わりに憤怒や憎悪になることもあるけれど。

人はやりとりしながらアートークンをもらい、絶えず変化するアートークンのバスケットを持つ。やりとりごとに気分に応じてアートークンを放出してもいい。投げ銭ならぬ投げアートークンだ。今の社会でもSNS生配信に投げ銭だけでなく絵文字やコメントを投げる。それ以外の経済活動でも測れずアートっぽい潤滑油に出くわすことは多い。感情を込めるためのスタンプやさりげない言葉、握手やお辞儀、お土産のお菓子なんかだ。第0章の思い出の中の小学生たちの教室経済では泥団子がそれだった。経済活動を促したり抑えたりするこれらの測れない徴たちも過去に何が起きたか、そしてそれがどんな気持ちを巻き起こしたかを暗示する（図16）。その進化系がアートークンだ。あらゆる経済活動ごとにさまざまなアートークンが投げられる。絵や字を投げるのを超えてアバターを投げたり食べ物を投げたり新種の人工生命体を投げたりする。

アートにこんなにバカ高い値段がついた、とよく測れる経済で騒ぎになる。測れない経済では、しかし、アートがお金になるのではない。むしろお金がアートになる。データを原料とするアートークンはアートのように測れず取替えのきかない存在だからだ。

アートークンの芽は暗号通貨にも生えている。「ミームコイン」である。ここ数年増殖中のミームコインは、インターネット上のミームやトレンドに触発され紐づけられた新種の暗号通貨である。アニメや漫画のキャラや動物、有名人の画像などが典型的なミームになる。ミームコインの有名例には「DOGE《ドージ》コイン」「柴犬」などがある。謎である。ビットコインやイーサリアムと違い、ミームコインは何かの機能や思想を提供するわけではない。イーサリアムのようにスマート契約を結ぶ世界計算機（World Computer）をくれるわけでもないし、ビットコインのように国家的な中央集権管理者の撤廃を目指すわけでもない。※81 ミームコインは愛着や笑い、ファンを生むことだけを目指す。

ミームコインに共感した人々がオンラインコミュニティを形作り、熱狂してミームコインを取引するとミームコインに市場価格が付いてしまう。柴犬などの姿をかたどったミームがとてつもない金額の取引を焚きつけていて、ミームコインたちの時価総額の合計は20兆円（24年12月）を超えている。何の便益も持たないアートもどきが人々の推《お》し経済感情をかき乱し、市場価格や経済取引の媒介になってしまう。奇妙なミームコイン現象には、アートークン的世界の種が埋まっている。今はまだ値段がついた測れるアート／ミームだけれど。[※82]

※81 Satoshi Nakamoto（2008）Bitcoin: A Peer-to-Peer Electronic Cash System. https://www.bitcoin.org/bitcoin.pdf
Vitalik Buterin（2022）*Proof of Stake: The Making of Ethereum and the Philosophy of Blockchains*. Seven Stories Press.
※82 と原稿を最終確認していたら、トランプ大統領が自身のミームコイン「トランプコイン」を発行したという報せが入ってきた。世界最大の物理国家の大統領が通貨発行権を自身に民営化・個人化する時代である。この報せもまた国家の経済的機能の瓦解を予感させる。

お金で買えないものはない？　ハイブランドふたたび

ただ勘違いはしないでほしい。測れない経済はバラ色の楽園ではない。「お金がなくても好きに暮らせる」と甘く誘いかける情弱向けビジネスでもない。できないことはできないし、許されないことは許されない。測れるお金の経済で買えないものは買えないのと同じである。アートークンの束が象徴する人それぞれの属性と過去の活動履歴に基づき、その人が何をしたり手に入れたりすることが許されるかを招き猫アルゴリズムが計算する。計算結果は様々な制約を満たしていなければならず、許されないやりとりは実行できない。

今の世界でも部分的にそうだ。ＳＮＳで誹謗中傷したりエロや暴力を垂れ流せば凍結されたりＢＡＮされたりして投稿できなくなる。ライドシェアや民泊で車内や室内で飲みすぎて吐けば、評価が下がって次の車や家はつかまりにくくなる。こういう制約は過去の行動履歴データに基づいて、お金があるかないかとは別の論理でかかる。似た制約が狭いネット上の行動だけではなく、あらゆる行動や活動に広がる。その制約の中から行動や選択の幅が提示される。いざ何をするかは個人の自由である。あらゆる自由は自由への制約・条件と表裏一体である。[※83] その原則がここでも当てはまる。

そして経済を超え、属性・履歴データに基づいた招き猫アルゴリズム的発想はゆくゆくは法律にも及ぶだろう。犯した罪が同じでも個人ごとに違った法律が適用されるような世界だ。法律は万人に共通だが、裁判所が個人ごとの生活や心身の状況を踏まえて情状酌量する現在の仕組みのルール化と自動化である。[※84]

※83　John Stuart Mill（1859）*On Liberty.*（ジョン・スチュアート・ミル『すらすら読める新訳　自由論』成田悠輔・まえがき、芝瑞紀訳、サンマーク出版、２０２４年）
※84　Omri Ben-Shahar and Ariel Porat（2021）*Personalized Law: Different Rules for Different People*. Oxford University Press.

ちなみに、お金さえ払えばなんでもできる、それが今の市場経済だとよく言われる。金持ちのやりたい放題だ、と。だがそれはちょっと嘘だ。お金だけではいい学校には入れないし、いいマグロは卸せないし、いい会社にも入れないし、いい取引相手と仕事もできない。会員制でお金だけでは入れない店や場所も多い。成金の肩身は意外に狭い。お金で何でも手に入るのは小売店くらい。お金だけでできることが意外に少ないのが今の市場経済という場所だ。

小売店でさえお金の力は限られている。世界を食い尽くすブランドとして1章に出てきたエルメスを見てほしい。私がノコノコと突然エルメスの路面店に突撃したところで、バーキンやケリーのような花形バッグを売ってはくれない。履歴データが必要だ。その人が何者なのか、これまでどんなものを買ってきたのかの履歴が鍵になる。いい入口はスカーフかベルトあたりかもしれない。延々と履歴を重ねてブランドやお店と絆を作れたお客にしか売ってはくれない。私のように挙動不審で素行不良な者は論外だ。「エルメスはバッグを売らないバッグ屋だ」と言われる所以《ゆえん》である。お金は履歴データであるが、履歴データのごく一部である。一次元である。今ある市場経済も、お金に投影されていない様々な履歴情報を陰《いん》に陽《よう》に使っている。それを招き猫アルゴリズムはあけすけに透明で自動で使う。

あらゆる取引が、あらゆる購買が、エルメス的になる。バーキンを売るかどうかと似た発想があらゆるやりとりに適用される。佐賀名物の鯉のフルコースを食べる資格があるかとか、（私にとっては一大事だが多くの人にとっては）どうでもいいことにまで、過去のデータにアルゴリズムが走って個人ごとに判断することが浸透していく。それぞれの場所や時点で誰が何をする資格があるかが絶えず計算され、資格があると判定された購買や取引しか実行できなくなる。資格がない取引はBANされる。あたかも会員制バーに会員以外は入れないように。アメックスを受け付けないお店ではアメックスを使って支払うことができないように。

ただ、これまでとこれからには違いがある。資格の判断が自動化しルール化することだ。これまでは、誰がいつどこで何を買う資格があるか、人の手と目で決めることが多かった。ある場合には会社や組織の不文律で、ある場合にはお店のセンスで。また別の場合には警備員を置いて暴力をちらつかせたり、看板も出さず場所を隠すことで誰が入ってくるかを制御してきた。誰がそこに入る資格があるかが透明なルールにしたがって粛々と実行されていくのは、クレジットカードや航空会社の上級会員資格くらいのもの。ごく一部でのみルール化と自動化が進んできた。それが全面化するのが招き猫アルゴリズム経済だ。ブラックボックスで密室で行われてきた排除や差別が明文化されルール化される。お金だけで買えるもの、できることは減っていく。

古い見方では、どんな取引であれば起きていいかいけないかを決めるのは国家や法律の役割、どれだけの取引がどんな値段や条件で起きるかを決めるのは経済や市場の役割だった。前者の燃料は暴力や強制力、後者の燃料は利益やインセンティブだった。この二者が融合し、招き猫になる。国家vs.市場という二項対立はさらに終わる。※85

記憶としてのアートークン

だが疑問が残る。招き猫アルゴリズムが仲介する測れないアートークン経済は測れ

※85　お金・価格なしの市場では、経済とそうでない広義の社会行動が溶け合う。そんな経済と社会の融合の芽生えはすでに存在している。

いつも彫刻のように作り込まれた笑顔の20代の女性レイシーは、人にできる親切はないかとどこでも目を光らせている。彼女の生活は、自分の社会信用スコアを5つ星に近づけるための涙ぐましい努力の塊だからだ。社会信用スコアが支配するこの街では、陰口や暴力はスコアの低下で罰せられ、住む場所や移動手段さえ制限される。街は善行と笑顔で一杯だ。だが、ここは本当に私たちの目的地だったのだろうか？

ドラマ「ブラック・ミラー」のこの世界はただの創作ではない。伝統的にクレジットカードやローンの審査に用いられてきた信用スコアを生活全体や価値観にまで拡張する「社会信用スコア」を中国などの政府が始動させつつあると信じられているからだ（が、それが本当かどうか疑問も多い）。社会信用スコアは、交通違反や街中での善行や暴言、SNSの投稿内容まで、社会生活のあらゆる側面から汲み上げたデータからそれぞれの人の社会的成績を計算する。社会を測れる経済に還元するかのようだ。何のために？　人格の評価や比較、そして「改良」のためだ。

社会信用スコアはスコア、つまり成績であり点数である。社会信用スコアでも資産でも年収でも、あらゆる点数は人間の単純な脳でも捉えやすい。が、その代償としてハックに弱い。どんなハックか？　政府や独占企業のようなプラットフォーマーがその意向を汲んだ個人の社会的成績を計算し公開すると、人々がその意図を忖度し

るお金経済を置きかえられるのだろうか？　答えはハイだ。なぜか？　お金は記憶で、アートークンも記憶だからだ。

私のポケットに千円札が入っている。なぜか？　誰かが私に千円札をくれたからだ。なぜ誰かが私に千円札をくれたのか？　私が誰かに何かをしたからだろう。たとえばちょうど定価千円のこの本をあなたのために書いたのかもしれない。とすれば、私のポケットにある千円札は、私が誰かにした何かの痕跡だろう。こうしてお金は過去の低解像度の記録になる。お金はたしかに数字が踊るだけの幻想である。だが、同時にお金には過去のやりとりという実体が写り込み、記録をなす。この虚実の二重性にお金の厄介さがある。

測りがたく比べがたい過去の取引履歴を比べられる一次元に圧縮する。それがお金だ。とすれば、もし取引履歴そのものを見られるのなら、お金はなくてもいい気がしてくる。実際その通りで、次の事実を数学的に証明することができる。

定理：お金がある経済で人々が絡み合って生まれる均衡で実現できる経済配分は、過去の完全な取引履歴にアクセスできる経済の均衡としても達成できる。[※86]

この定理からこう言える。過去の来歴データの変形であるところのアートークンに暗号でも埋め込み、やりとりをした当人や招き猫アルゴリズムには元の来歴データを復号できるようにしておこう。そうすれば、測れないアートークンはお金の役割を果たせる。アートークンは過去の取引履歴を含んでおり、定理によりお金の役割を再現できるからだ。測れない経済は測れる経済の役割を果たせる。

て行動と思考を自己規制しはじめるハック——言いかえれば忖度だ。社会的信用スコアへの忖度は測れる経済を測れる社会へと広げていく。

忖度から遠く離れるためにこそ、測れなくする試みが大切になる。測れない経済と社会信用スコアは一見似たもの同士に見え、その精神は実は真逆である。

※86　Narayana R. Kocherlakota（1998）“Money Is Memory.” *Journal of Economic Theory*, Volume 81, Issue 2, pp. 232–251.

そもそもお金もグラグラな仕組みである。なぜ人はお金を盲信して使うのか？　他の人が使うと信じるから、そして他の人が使うのは他の人の他の人が使うと信じるから……（以下無限に続く）……というのが模範解答だろう。お金は人々がお金であると思い込むことによってお金たりえる。ということは、お金の役割を果たせるよりいい仕組みがあると人々が思い込みさえすれば、お金は置き換えられる。その候補が測れない経済だ。アートークンが象徴する履歴データから直接に私たちが何をすべきか推薦してくる招き猫アルゴリズムである。なぜ人は測れない経済を求めると思うのか？　よくわからない値札を勝手につけられる不快感から解放してくれるからだ。

市場の重要な機能の一つは価値を測る力（価格発見）だと言われてきた。お金で測られる価格という単純明快な要約指数を見ることで、安ければ買い高ければ売るという反応が起きる。その反応により需要と供給が調整され、需要と供給をいい具合に均衡させるほどよい価格が発見される。そんな価格発見物語だ。なぜ価格発見が重要なのか？　複雑すぎる価値や人々の好みや企業の生産能力を価格に単純化することで、ポンコツな人間でも何を買ったり作ったりすればいいか判断しやすくなるからだ。価格は人間の判断を助ける情報圧縮装置でありＵＩ（ユーザーインターフェイス）であり判断潤滑油である。[※87]

しかし、長期的には価格発見がいらなくなると私は考えている。ポンコツな人間の代わりに招き猫などのアルゴリズムが判断を行うようになれば、価格発見という単純化の必要性はちょっとずつ薄れていく。人々の好みや企業の生産能力を教えてくれる過去のデータから直接に意思決定や資源配分を行えばいい。人間という単細胞な存在が意思決定しなくなれば、意思決定を単細胞でもできるようにするためのお金という仕組みも必要なくなる。

※87　F. A. Hayek（1945）"The Use of Knowledge in Society," *American Economic Review*, Vol. 35, No. 4, pp. 519–530.

エンデの遺言

『モモ』や『はてしない物語』を書いた児童文学作家ミヒャエル・エンデは、その作品の内外でお金について考えていたことで知られる。晩年のエンデは現在のお金についてこう嘆いた。

「お金には、パン屋でパンを買う購入代金としてのお金と、取引所で扱われる資本としてのお金があります。2つはまったく異なった種類のお金です。本来、物的価値の等価代償の役割を持つお金が、今ではそれ自体が商品になってしまったことが問題です※88」。

すべてを測る一つの物差しという万能の重荷をお金に背負わせたことの副作用である。すべて商品となっていく未来に向けた幻想たち、その先頭走者が資本としてのお金だろう。測れない経済はエンデの疑問を正面から受け止め、推し進める。一元化され単純化されてしまったお金に眠る複数の次元や尺度を取り戻そう。まずは一物多価化し再分配を内蔵することで、お金を多次元化しよう。そして次元を高めてゆくゆくはお金を無次元化しよう。無数のやりとりごとに一回きり一個だけ作られるアートークンが繁殖する測れない経済は、お金が無次元化された世界と言える。いわば「一物無価《いちぶつむか》」だ。

測れず比べにくいアートークンの束は脱臼したお金とでも言えるかもしれない。その人がどんなやりとりをしてきたか暗示するアートークンは一単位しか存在しない独自のお金だと言える。それぞれ一単位しかなく複製や量産できないので、物差しとしては使えない。だからお金の三つの機能とよく言われる⑴価値尺度、⑵交換手段、⑶保存手段のうち、⑴価値尺度としての機能はない。お金から⑴価値尺度をノックアウトしたものがアートークンになる。

※88　坂本龍一・河邑厚徳編著『エンデの警鐘――「地域通貨の希望と銀行の未来」』NHK出版、2002年

⑴価値尺度をノックアウトすると⑵交換手段、⑶保存手段にも影響が出る。交換にはわかりやすい値段がつかず、貯めても貯金額や資産額がつかない。交換も貯蓄も測れないものになる。ほとんど自動的に大小や高低を連想させてしまう「価格」や「金額」という概念自体をお金に忘れさせる試みといってもいい。価値を測って比べる癖を失って脱臼したお金である無数のアートークンが、ボトムアップにそのつどやりとりたちから立ち上がって乱立する世界。それが測れない経済である。しょうもない飲み会で誰かが「金の儲け方は技術、金の使い方は芸術だ」と言うのを聞いたことがある。アートークン経済では金の儲け方も使い方も芸術になる。

知らない幸福、測れない幸福

「空中に投げられた石にとって、落ちるのが悪いことではないし昇るのが良いことでもない」

——マルクス・アウレリウス『自省録』

かつてローマ帝国の皇帝にしてストア派の哲学者だったマルクス・アウレリウスはこう言った。人が生きる中で人とやりとりして得たアートークンの束もまた、「落ちるのが悪いことではないし昇るのが良いことでもない」ような、その人の来歴を要約する石の群れとなる。人の生活も人生もアートークンの束に常時変換されていく。金融資産のポートフォリオはアートークンの束に変身する。

測れない経済では、価値の大小を一次元的に測ることができない。なので、大小を比べることが難しくなったり無理になったりする。それでいい。AとBの二者を必ず比べられる全順序（total order）から、比べられないことが多い半順序（partial order）に経済順序を変えると言ってもいい。誰かが誰かよりお金持ちか貧乏人か。ある物が別の物より高いか安いか。答えはほとんど存在しなくなる。

その先にあるのは比べ（られ）ない幸福かも知れない。こんな研究がある。ノルウェーでは2001年から他人の収入をウェブサイトで覗き見れるようになった。その結果、優越感や劣等感を感じやすくなり、金持ちと貧乏人の幸福度の格差が20％以上広がったらしい。[※89] 知らない幸福である。しかし今の経済は比べよ比べよと私たちに囁《ささや》く。測れない経済は、知らない幸福、比べ(られ)ない幸福を経済に埋め込む試みである。人と比べて感じたコンプレックスを忘れるために「お金じゃ買えないものがある」「お金がすべてじゃない」と自分を慰める必要はない。お金は蒸発してしまうからだ。

測れない経済でも人は競争に駆り立てられるかもしれない。人間は競争から逃れられないのかもしれない。だが測れない経済における競争は、より早く・より安く・より多くを求める効率性や収益性の競争ではない。よりユニークで、美しく、奇妙で、面白く、謎なアートークンの束を作り出そうとする、審美眼の競争である。徒競走より盆踊りに近い競争といってもいい。

かつて運動会と呼ばれた学校行事が最近では体育学習発表会などと呼ばれ、騎馬戦で競争するよりダンスでただ戯れることが増えたと聞く。徒競走もジェンダーレスで順位をつけないことが増えた、と。この変化に対し、よく中高年がその軟弱さを嘆く。「現実世界の競争は厳しい。その厳しさから学校でだけ目を背けさせても子どもたちのためにはならない」と。しかし、アートークンによる測れない経済での競争は順位をつけない軟弱な非競争に近い。20世紀的な厳しい勝ち負け競争より、むしろ現代の気の抜けた戯れに近い。競うより踊れ、稼ぐより舞えという世界観だ。[※90]

順位や数値による競争がないと人間社会は前進できないと思うのは、アルコールやカフェインがないとやる気は出せないと考える中毒者的思い込みである。人と比べて

※89　Ricardo Perez-Truglia (2020) "The Effects of Income Transparency on Well-Being: Evidence from a Natural Experiment." *American Economic Review*, Vol. 110, No. 4, pp. 1019–1054.

※90　これまで権力と言えば、人間に番号をふる権力であり、人間を分類する権力であり、人間を数値化する権力だった。それとは直交する権力がこれから現れる。人間のえも言われぬキャラを作り、アートとしての人間を描き出す権力だ。これまで反権力だと思われていたようなものこそ統治技術の手中に落ちる。招き猫アルゴリズムとアートークンはそのスケッチである。

勝ち上がる競争によるアドレナリン放出以外にも、人間の営みを媒介するホルモンは多くある。実際、今の市場経済でもお金の物差しに無関心な小金持ちは多い。ただの好奇心旺盛や作り込み好きで結果として稼いでしまっているだけの人も多い。彼らにとってお金は目的ではなく制約や結果である。「資本主義とは、金儲けを目的としない少数によって支えられる、金儲けの仕組みである」と誰かが言っていたように。測れない経済では、金儲けを目的としない少数が多数になる。個人的な良心ではなく招き猫アルゴリズムやアートークンのような技術や制度ルールによって。

そして成長は続く。人間活動の拡散は続くだろう。しかしその駆動力が、方向性が、お金で測られる単純な拡大ではなくなる。アートークンの束が表す様々な価値の様々な方向への勝手気ままな拡大になる。その予兆はすでに起きている。たとえば音楽家を見てみよう。過去にはCDやレコードの売上で決まるBillboardやオリコンの順位が唯一絶対の商業的成功の指標だった。それがだいぶ変わった。そういった順位もあればいくつものストリーミングサービスでの再生回数もあり、YouTubeやTikTokでの動画再生回数もあり、同時にそういった遠隔メディアでは測れないライブ現場やファンコミュニティの動員や熱量もある。どの国や地域、世代を見るかでも変わってくる。どの音楽家が一番「売れている」のか決めるのが難しくなった、というより無意味になった。お金より愛着や信用の時代だとも言われる評価経済の現在は、測れない経済への序曲を奏でている。

貨幣発行自由化の極北

脱臼したお金としてのアートークンは、情報空間の各地でそれぞれの人が勝手に発行する。招き猫アルゴリズムはその手助けをする。お金の発行自由化は古典的アイデアだ。[※91] その思想は地域通貨や暗号通貨として部分的に実現してもいる。というか、日

※91 Friedrich A. Hayek（1976）*Denationalisation of Money.*（フリードリヒ・ハイエク『貨幣発行自由化論 改訂版――競争通貨の理論と実行に関する分析』村井章子訳、日経BP、2020年）シルビオ・ゲゼル『貨幣制度改革――ゲゼル・セレクション』山田明紀訳、アルテ、2016年

本でも他の国でも、中央銀行の設立以前は民間銀行がそれぞれ紙幣を発行するのがふつうだった。スコットランドでは今日でも複数の民間銀行の銀行券が流通している。そして今も昔も、商品券、クレジットカード、電子マネー、手形といった無数の決済手段（実質的にはお金）が林立するのが経済の常である。招き猫アルゴリズムとアートークンによる測れない経済はその極限である。貨幣発行自由化を推し進め、ちゃぶ台返しする。お金の発行が自由か自由でないか、公営か民営か——そういった問題は蒸発する。お金というもの自体がなくなるからだ。代わりに個人がアートークンを絶えず個人発行したり受領したりする。

お金について思考する者のほとんどは、すでにあるお金を解明するか、新しいお金を発明することを目指す。測らない経済が目指すのはどちらでもない。お金を骨抜きにし、なくす。お金があるのかないのかなんとも言えない、足場がグラグラした中間地帯を生成することだ。

贈与の解毒に向けて

「ギフト、ギフト」という風変わりな題名の短い随筆がある。[※92] gift《ギフト》という言葉が二つの意味を持つという話だ。ゲルマン語系の言語では、ギフト（gift）という単語は「贈り物」という意味と「毒」という意味の二つに分岐した。たとえば現代ドイツ語ではギフトが毒という意味を持つのに対し、英語では贈り物という意味を持つ。オランダ語では中性名詞と女性名詞の二つの場合があり、前者は毒を指し、後者は贈り物を指す。

いっけん隔絶した二つの意味が「ギフト」に共存しているのは、実は自然である。何かを贈ることは、贈る側と贈られる側をともに拘束し、呪いをかける。贈られた恩を反故にした人には、心理的にも道徳的にも制裁がのしかかる。場合によっては法律

※92 Marcel Mauss（1925）*Essai sur le don: forme et raison de l'échange dans les sociétés archaïques.*（マルセル・モース『贈与論』森山工訳、岩波書店、２０１４年）

的にも。

だから贈り物には毒が仕込まれている。毒まんじゅうである。さらに厄介なのは、その場ですぐにお返ししてはいけないことだ。ちょっと間を置いて、寝かせてからお返ししないといけない。でも寝かせすぎてはいけない。謎である。と書いたところで、受取無視している人からの贈り物をいくつも思い出してきた。私には毒まんじゅうのフルコースが待っている。[※93]

毒のわかりやすい例がいわゆる競覇的な贈与だ。儀式などの場で公式に贈り物を与えることで、贈った方は名声と優越を得、贈られた方は劣勢とお返しの義務を負う。贈られた方は一定期間内にいい感じの返礼を行えなければ白い目で見られ、地位を失う。歴史を通じて様々に変奏されてきた慣習で、特に有名なのはアメリカ先住民のポトラッチである。競覇的な贈与という毒まんじゅうを通じた人々の相互作用が様々な社会構造の生成と変遷を生んだという説もある。[※94]

測れない経済は贈与の解毒である。アートークンはやりとりという贈与のようなものが起きた証である。しかしふつうの贈与とは違う。アートークンは贈与のようなやりとりが起きたことへの礼でもあるからだ。アートークンはこうして、ギフトを双方

※93　ほぼ逆ギレになるが、毒が入っていようとなかろうと、プレゼントや贈り物は奇怪である。相手が欲しいかどうかもわからないものをわざわざお金を払って買って一方的に押しつける。なぜその分のお金をそのまま渡さないのか、お金を渡せば贈る方の手間も省け、贈られる方も欲しいものを好きに買えてみんな幸せじゃないか。と子供が学校で聞くと、先生はだいたい苦虫を噛み潰したような表情になる。聞いてはいけない素朴すぎる疑問の典型である。実際、こうした贈り物の無駄から発生する経済損失は米国のクリスマスプレゼントだけで毎年10兆円単位にのぼると推定し、「無駄だからクリスマスプレゼントはやめよう」と主張した香ばしい研究も存在する。Joel Waldfogel（2009）*Scroogenomics: Why You Shouldn't Buy Presents for the Holidays.* Princeton University Press.

※94　以下の研究は競覇的な贈与の数理モデルをコンピューター・シミュレーションしている。贈与に対するお返しとして適切な利率と贈与の頻度という二つのパラメータが大きくなるにつれて、社会構造が血縁に基づくバンド→同胞意識で連帯する部族→社会階層分化が進んだ首長制社会→安定的な王室を持つ王国の順に遷移することを示唆している。
Kenji Itao and Kunihiko Kaneko（2024）"Emergence of Economic and Social Disparities through Competitive Gift-giving." *PLOS Complex Systems* 1（1）.

向で対称的なものにする。ギフトから毒を抜き、純な贈り物たらしめようとする。すべてが測られ比べられてしまうという毒を経済から抜き取り、経済をアートフルで無毒な贈り物の束にすると言ってもいい。

データ自己破産とよみがえるお金

ただ、履歴データを使った招き猫アルゴリズム経済は呪いも生む。個人個人が履歴データに刻まれた歴史を、ブランドを背負うことになるからだ。いいブランドだけではない。悪いブランドもだ。だから歴史やブランドとその原料になったデータをリセットする権利も大事になる。借金の自己破産があるように、データの自己破産が必要になり、発生するだろう。これまでもインターネット検索について議論されてきた「忘れられる権利」の拡張だ。

歴史を振り返っても、過去の履歴から解き放たれる破産聖域を人間は作ってきた。たとえば「アジール（またはアサイラム：asylum）」と呼ばれる領域がある。[※95]奴隷・債務者・犯罪者などがそこに入るとそれまでの社会的制約や拘束から解放される場所だ。[※96]私もできればアジールに逃げ込みたい。現在では大使館や赤十字がかろうじて残るアジール的場所の痕跡である。データ空間内のアジールが求められる。意図的に、政策的にデータを不完全にしたり抹消したりすること、データに摩擦を導入することが必要になる。

そのために測れない経済でもお金が局所的に役割を持ちつづけるかもしれない。お金は過去に誰が何をしてきたかの情報を雑に一つの数字に落とし込む。お金とは、摩擦がたっぷり入ったデータに他ならないからだ。お金は忘却である。その忘却能力が

※95　古代ギリシャ語の「ἄσυλον（ásylon：不可侵の神聖な場所）」を語源とするという。
※96　Ortwin Henssler（1954）*Formen des Asylrechts und ihre Verbreitung bei den Germanen.*（オルトヴィン・ヘンスラー『アジール――その歴史と諸形態』舟木徹男訳、国書刊行会、２０１０年）
アジールの日本的変奏についてはこの本がもはや古典である。
網野善彦『増補　無縁・公界・楽』平凡社、１９８７年

いわば情報アジールを提供する。忘れてくれるお金はゆるしになる。これまでは不完全な記憶としての役割を果たしてきたお金が、今後は意図的な忘却としての役割を果たすようになる。[※97]

市場・国家・共同体のパッチワーク

社会や経済はどんな力学で動いているのか？　明らかに大きすぎる問いをめぐる人類の探究はいつも葛藤し、混乱し、滑落してきた。文字通り無数の破産者、発狂者、犯罪者、寄生虫、自殺者が作り出してきた思考と妄想は、この数百年だけでもアダム・スミス『諸国民の富』『道徳感情論』、カール・マルクス『資本論』などにはじまり、カール・ポランニー『大転換』、マックス・ヴェーバー『プロテスタンティズムの倫理と資本主義の精神』、エミール・デュルケム『自殺論』などが視界を広げ、ハンナ・アーレント『全体主義の起源』、レヴィ＝ストロース『悲しき熱帯』、ルイ・アルチュセール『マルクスのために』などを経て、ローレンス・レッシグ『コード』、柄谷行人『トランスクリティーク』やデイヴィッド・グレーバー『負債論』にいたった。今日ではなぜか褒め称えるべき古典として教科書に載ってさえいる不適切著作群である。これらに共通するのは政治・経済・文化への批判精神である。これまで存在してきた政治経済システムを乗り越え、長く続く未来に向けて作り変えるための思考への意志である。無力な想像力による革命への意志といってもいい。その意志はほと

※97　忘却装置としてのお金は現在進行形のデジタルお金の設計にも関わる。世界中で中央銀行デジタル通貨（Central Bank Digital Currency：ＣＢＤＣ）の議論が騒がしい。乱立する○○ Payやポイント群を統合すべく、日本円自体をデジタル化してスマホアプリ化した日本円 Payのようなものを政府や日銀が提供するイメージだ。では通貨のデジタル化は望ましいだろうか？　物質としてのアナログお金と情報としてのデジタルお金を比べてみる。アナログお金は匿名的だから、自由やプライバシーの観点から望ましい。充電が切れたり電波が悪かったりスマホが壊れたりする心配なくいつでも即時決済できるという利点もある。その副作用として、紙幣を刷るのは無駄だし、脱税や闇取引に使われやすいのが欠点だ。さらに紙幣や現金は重いし盗まれるかもしれない。と考えると、いいとこ取りしたくなってくる。「少額取引は匿名のままアナログ放置、高額取引はデジタル捕捉」のような設計だ。実際、そんな設計がいくつかの国で検討されている。記憶と忘却のいいとこ取りだ。単純にデジタル化すればいいという話ではない。デジタル vs. アナログという二項対立でもない。異なる特性を持った異なるお金の媒体をどのように最適に混ぜ合わせればいいか？　お金のデジタル化を超えた、お金という記憶と忘却の再発明が求められている。その一つの極端な可能性として想像しているのが、お金が消えた測れない経済である。

んど常に裏切られるわけだけれど。

彼らは物事や価値が生産され、交換され、分配される様式を整理した（図17）。価値の交換や分配を動かすのは時に経済資本であり、時に政治権力であり、また時に文化常識の形である。

価値が交換される様式の一つは、市場経済でお金を介して行われる商品交換である。1章「暴走」の主人公だ。これを交換様式Cと呼ぼう。見ず知らずの場所で見知らぬ他人との間にもすぐに交換を起こせるのが強みだ。交換様式Cを突き動かすのは、お金と資本へ

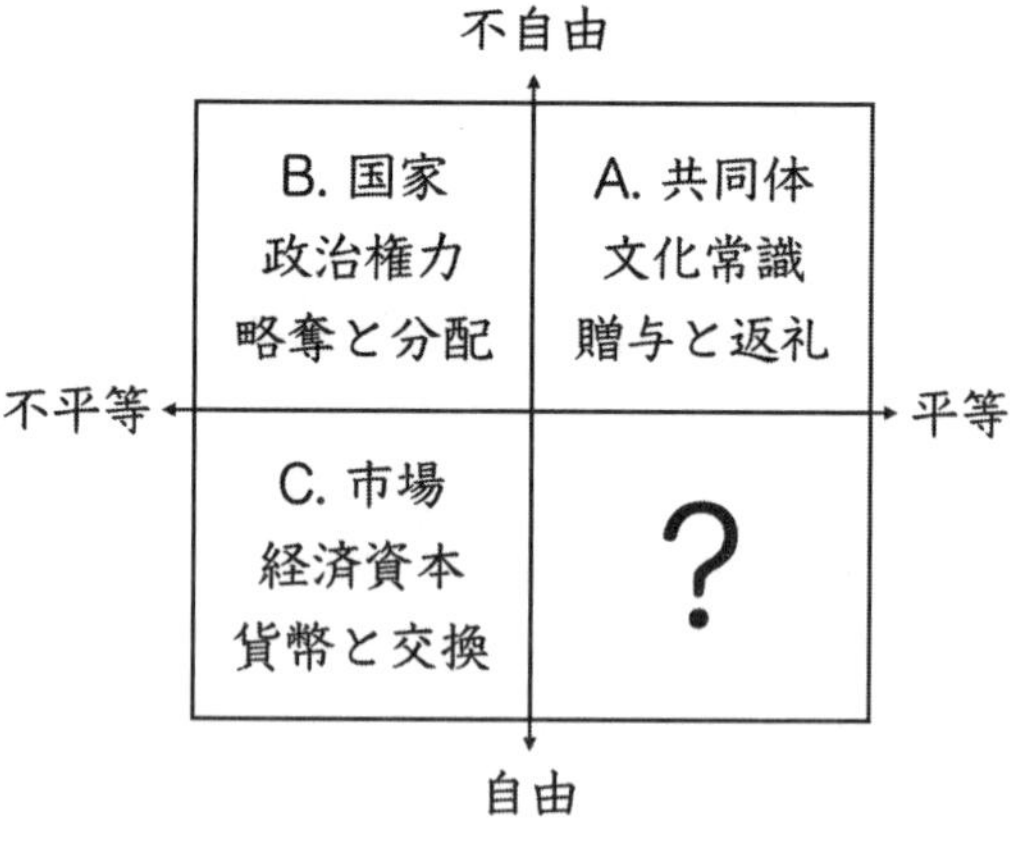

図17　人類が発明してきた価値の交換様式たち

の宗教的（物神的）崇拝である。お金はゲーム・宗教・ドラッグでもあるという2章の議論を思い出してほしい。

別の交換様式もある。たとえば贈与とお返しという交換様式である。主に家族や共同体の内部で起きる贈与とそれに対するお返しの連鎖も価値の交換であり分配である。これを交換様式Aと呼ぼう。交換様式Aを駆動するのは、贈与しなければならない、贈与を受け取らなければならない、贈与を受けたらお返ししなければならないといった常識であり、呪いである。最後の交換様式は、支配することと保護することの交換（交換様式B）である。支配し相手から価値を奪うことは武力や暴力の脅しによって可能になるが、それだけでは支配は持続可能にならない。しぼりとりつづけるために、支配する者は服従する者を保護しなければならない。そのために政治権力に取り憑《つ》かれた国家が行う徴税のような略奪と社会保障のような再分配もまた、交換の一種である。

しかし交換様式A／B／Cはどれも欠陥を抱える。

・C：市場（経済資本）は格差と階級を作り出す。
・B：国家（政治権力）は腐敗と無駄を作り出す。
・A：共同体（文化常識）は閉塞と束縛を作り出す。

だから市場・国家・共同体のどれとも違う別の様式への希求が立ち上がる。図17の？印に隠された「交換様式D」だ。市場Cのように自由で、しかも共同体Aのように平等な交換様式D——ただ、交換様式Dは既存の三様式のどれとも違う「なにか」としてだけ暗示されることが多い。[※98]「Dとは、BとCによって封じ込められたAの〝高次元での回復〟にほかならない」（柄谷行人『力と交換様式』岩波書店、2022年、158頁）。交換様式Dはどんな様式なのか、そこにいかにして力が宿るのか、その実像は見えないままだ。そして危機待望論へと収斂《しゅうれん》してしまう。「戦争と恐慌、つまり、BとCが必然的にもたらす危機が幾度も生じるだろう。しかし、それゆえにこそ、〝A

の高次元での回復〟としてのDが必ず到来する」（『力と交換様式』396頁）。

来たるべき交換様式Dをもうちょっと具体化する。それが測れない経済の試みである。測れない経済は交換様式A／B／Cをうまく組み合わせ、そこにデータとアルゴリズムをまぶそうとする。まず既存の市場経済Cと同じく、個々人の自由な意思と多様な好みを反映した効率的配分を目指す。ただ同時に、測れない経済は共同体Aと国家Bの利点を内蔵したよくばりな市場経済である。一物多価や招き猫アルゴリズムによる再分配は、市場経済の内側で再分配の透明化と自動化を目指す。その目的は国家Bによる徴税&再配分と似ているが、国家特有の非効率や非合理をアク抜きする。国家とそれを牛耳る政治家・官僚・ロビイストではなく、アルゴリズムとデータが再配分を設計し実行する。

※98　数少ない例外である柄谷行人『トランスクリティーク——カントとマルクス』（批評空間、2001年）は、地域通貨と協同組合の組み合わせによる交換様式Dの具体化を構想した。しかし、その具体的構想はその後の『力と交換様式』などでは影を潜めている。

そして家族や共同体で起きる互酬Aだ。過去の履歴データに基づく分配の直接計算が起きる測れない経済では、お金を用いず価格の付かない贈り物とお返しのようなやりとりの連鎖が起きる。お金を使った価格単位が消え、資本が測りにくくなる。家族や共同体における贈与の連鎖に値段がつかないように。ただ、互酬特有の束縛や毒まんじゅうは必要ない。やりとりのたびに生み落とされるアートークンがやりとりを対称的で相互的にし、そのつど解消するからだ。解毒された贈与的やりとりの連鎖を通じて、効率的に配分しながら公平性のための再配分も行う。そんな測れない経済は、市場・国家・共同体をいいとこ取りした融合により交換様式Dを目指す。交換様式A／B／Cの欠陥に以下のように対処することになる。

・C：市場（経済資本）は格差と階級を作り出す。この課題に、測れない経済は再分配を自動化し、資本・階級を測れなくすることで対処する。

・B：国家（政治権力）は腐敗と無駄を作り出す。この課題には再分配の実行から人間を排除し、自動化・アルゴリズム化することで対処する。

・A：共同体（文化常識）は閉塞と束縛を作り出す。この課題にはアートークンで贈与的やりとりを対称化、相互化し、そのつど解消することで対処する。

最後の点が特に大切である。招き猫アルゴリズムによるアートークン経済は見知らぬ他者との大規模で匿名的な、しかしお金を介さないやりとりを生む。一見贈与の連鎖に似た測れない経済のやりとりでは、しかし、家族や共同体のような顔見知りで近しいがゆえの信頼や信用は必要ない。ただの他人でいい。他人への信頼は過去履歴データと招き猫アルゴリズムが計算し担保してくれる。測れない経済は、したがって、贈与や親切の技術的な改変と拡大である。市場経済や国家政治のような規模で他者と出会う技術を導入した、贈与や親切の連鎖の高次元での回復である。

「交換は、共同体の終わるところに、すなわち、共同体が他の共同体または他の共同体の成員と接触する点に始まる」（『資本論』第一巻第一篇第二章、岩波文庫（一））

この原点に帰る。測れない経済でも、見知らぬ他者同士がやりとりする。地縁、血縁、暴力などに頼らない自発的な交換ややりとりである。しかし、「ここで重要なのは、『商品交換』が共同体の内部ではなく、その外にある共同体との間、つまり、見知らぬ、不気味な他者との接触において始まるということである。そして、そのことがかつてないタイプの『力』を必要とした」（『力と交換様式』46頁）。そういう力を測れない経済に与えるのは、それぞれの人の正体を記録したデータである。そして測れない経済は、もはや資本主義と呼ばれる必然性を失う。測れない資本はわかりやすい増殖も成長もせず、もはや資本ではないからだ。資本主義を高次元化し無次元化することで資本（主義）を蒸発させること。それが測れない経済のビジョン、というより予測である。

かといって、測れない経済はユートピアではない。ユートピアはギリシャ語のou《オウ》（否定語）とtopos《トポス》（場所）に由来し、どこにもない場所（nowhere）を意味するという。たとえばギリシャにはアルカディアという理想郷があったし、中国にも桃源郷があった。荘子のいう無何有郷《むかゆうきょう》、文字通り「どこにもない場所」もある。対して、測れない経済はユートピアではない。ちょっと経てば生まれる場所だからだ。

稼ぐより踊れ

もちろん、私のお花畑な脳内妄想と違って現実は厳しい。測れない経済が一気に到来したりはしない。第1章「暴走」で素描した、すべてがデータになり、アカシック・レコードが訪れ、すべてが資本主義になるまでのいくつかの段階を思い出そう。まずはあらゆるソフトな情報・IDやコンテンツのデータ化と商品化が起こる。そしてインターネットに繋がれ電子双子を持ったあらゆるハードな物が続く。そして本番はその後に訪れる。あらゆる出来事やイベント、体や心、そして私という存在がデータ化し商品化する。この段階に達すると、私たちが認知できる世界の断片のほぼすべてがデータ化し商品化し資本化し、経済と世界が肉薄しすぎて一体になってしまう。金融資産のポートフォリオは気づくと物・事・体・心のデータ断片の束になる。万物のデータがちょっとずつ、しかし着実に招き猫アルゴリズムの入力データ養分になっていく。アカシック・レコードの中で招き猫が泥団子と戯れることになる。

その過程は、しかし、お金や価格がそのアイデンティティを失っていく資本主義の中年の危機でもある。すべてがデータになるにつれ、人々の属性や過去の履歴データもどんどん豊かになって、履歴データに紐づけた一物多価化が進む。お金で測った市場価格というものの意味がどんどん多次元で複雑で曖昧になっていく。その流れがある閾値《いきち》を超えたとき、測れる経済が蒸発する。すべてが経済や金融に取り込まれるが、測れず比べられなくなる。ということは、もはや経済や金融といった概念が自立する必要もなくなるのかもしれない。こうしてすべてが市場になり、お金は蒸発する。私たちが慣れ親しんだお金を使った資本主義は万物を覆ったその直後、消滅する。

お金で測られる資産がなくなると、代わりに過去の来歴にまつわるデータやアートークンの束がそのままその人の多次元な価値を表す徴になる。アートのように唯一無二で量産できないシンボルだ。価値の高低よりスタイルの差異が競われることになる。利子率rで寝て稼ぐ資本家でもなければ成長率gで汗水流して働いて稼ぐ労働者でもない。rでもgでもないアートークンの変化を生きるただの活動者が主役になる。投資でどれだけ儲かったか、年収や資産はいくらか比べて競い合ってる場合じゃない。そんな競争はそろそろ蒸発する。ここにバラがある、稼ぐよりここで踊れ！　競うよりここで舞え！※99

こうして経済は芸術になり遊戯になる。誰かを救うための仕組みではない。罰するための仕組みでもない。ただそれぞれの人がそこにあるがままにあるための仕組みが測れない経済である。

※99　「ここで跳べ！　ここで踊れ！」と挑発したのは『資本論』の著者カール・マルクスによる民主主義論（『ルイ・ボナパルトのブリュメール18日』）である。一方、日本の民俗学者・折口信夫は舞いと踊りの違いに注目した（「舞ひと踊りと」『折口信夫全集21』中央公論社所収）。日本の古代芸能においては、グルグルとした回転運動（旋回）が「舞ひ」、パタパタとした上下運動（跳躍）が「踊り」だったという。上下や高低から逃れようとする測れない経済によりふさわしいのは、踊りより舞いかもしれない。競うよりここで舞え！

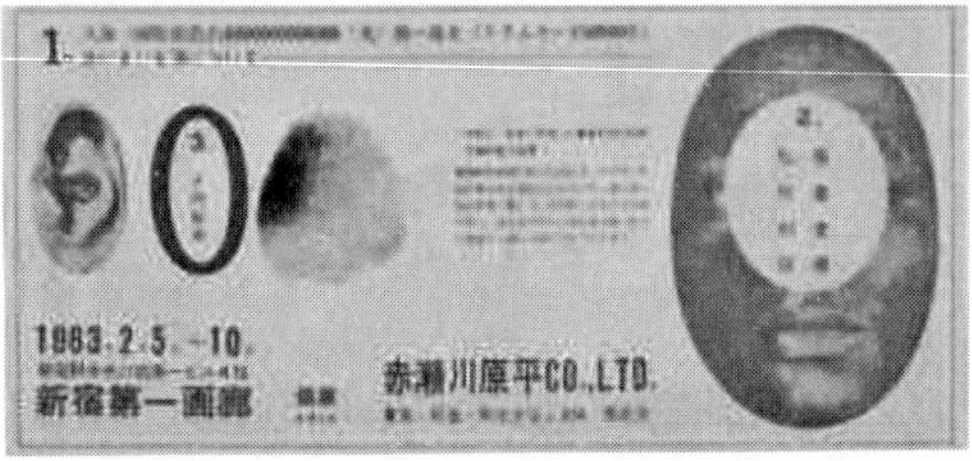

「あいまいな海について」案内状／模型千円札I

赤瀬川原平／1963年／印刷物／7.4×16.2cm／協力：SCAI THE BATHHOUSE

1965年11月1日	通貨及証券模造取締法違反で検察庁が起訴
1967年6月24日	東京地方裁判所が懲役3ヶ月、執行猶予1年の有罪判決
1970年4月24日	最高裁判決が上告を棄却、有罪判決が確定。被告の最初の著書『オブジェを持った無産者』刊行直前のことだった

いわゆる千円札裁判である。きっかけは芸術家・赤瀬川原平の個展「あいまいな海について」だった。展覧会の案内状の裏に緑色の千円札を原寸大で印刷し、現金書留で100人ほどに送ったという。赤瀬川はさらに数種類の模型千円札を印刷し、梱包に用いてオブジェ作品として展示したり、テレビ番組内のパフォーマンスで燃やしたりした。それが当局の目にとまり、捜査と摘発につながった。ちょうどこの頃、偽札史上最高の「芸術品」と呼ばれた偽千円札が出回る「チ－37号事件」が世間を騒がせていたのも遠因になったと言われる。

お金がアートになった。偽札もアートになった。それだけではない。お金とは何か、アートとは何かをめぐる議論と裁判のプロセスが社会を巻き込むアートになったのである。

しかし22世紀の資本主義では、これがお札なのか偽札なのかお札をめぐる高尚な芸術模型なのかはもはやどうでもいい。お金そのものがアートになり、お金とアートは一体化するからだ。資本家も労働者もみな、アートークンという測れないオブジェを持った無産者になる。

おわりに：22世紀の○□主義へ

本書『22世紀の資本主義』は失敗作である。それが言い過ぎなら、本当の難問を横目に見ながら足元の簡単な練習問題に終始した逃避である。避けられた真の難問とは何か？　それは○□主義（＊＊＊-ism《イズム》）の問題だ。

姉妹編『22世紀の民主主義――選挙はアルゴリズムになり、政治家はネコになる』のはじめに整理した通り、今日のいわゆる先進国のほとんどは、民主主義的な政治と資本主義的な経済の二人三脚の危うい平衡の上に成り立っている。ネーション＝ステート＝資本主義の三位《さんみ》一体《いったい》と言ってもいい（が、三位一体というと何か不動の構造があるような響きがある。それよりも、今にも崖底に落ちそうなか細い平均台の上を歩く二人三脚に近い）。本書はそのうち資本主義、そして前作は民主主義の将来像を構想、というより予想した。

しかし終着点は皮肉だった。公共的目標や再分配といった政治・国家の専売特許のためにお金や経済・市場を再設計するという構想にたどりついたからだ。つまり、経済によって政治を代替し、市場によって国家を代替できる可能性が芽吹いている。この社会像においては、市場vs.国家や政治vs.経済といった20世紀的な対立は偽の問題になる。「民主主義と資本主義の二人三脚」ももちろん時代遅れだ。

本当に必要なのは、暴走する資本主義の制御ではない。故障した民主主義の修理でもない。「民主主義」でも「資本主義」でもない、経済（成長）と政治（分配）の機能を単一制度で実行するような新しい○□主義の設計と実行だ。「民主主義」や「資本主義」といった概念自体が20世紀的老害なのだ。

本書『22世紀の資本主義』と前作『22世紀の民主主義』はしたがって、○□主義の設計に向けたはじめの一歩である。いつか逃げずに『22世紀の○□主義』を書いてみたい。その頃には22世紀になっているかもしれないけれど。

この本の原稿のほとんどを書いたアメリカ片田舎の1934年開店の葉巻バーで

20世紀生まれの老人らしく

かつて自死したヘミングウェイにちなんだ葉巻Untold Storyと

史上もっとも癖の強そうなスコッチ、オクトモア15・3を摂取して

22世紀まで生き延びることのないように寿命と預金を縮めながら

2025年1月

成田悠輔

注記

この本の内容の一部は以下のエッセイやインタビューに基づく。また、翻訳からの引用については、訳書を参考にしつつ細かな表現を私が修正した。

成田悠輔「未来の超克」（雑誌「文學界」での連載）
成田悠輔「積年の孤読」（雑誌「BRUTUS」での連載）
成田悠輔「経済サプリ」（共同通信と全国各地の地方新聞での連載）
成田悠輔「【成田悠輔×メタバース】一人の私が『1万人の私』になったとき、何が起きるのか」（朝日新聞GLOBE+、2022年5月4日）
「AlphaDrive/NewsPicks VISION BOOK Ambitions Vol. 2」表紙巻頭インタビュー
成田悠輔「貨幣は蒸発する」（NHK「欲望の資本主義2022夏　特別編『メタバースの衝撃　デジタル経済のパラドックス』」での謎のインタビュー、2022年8月21日）
成田悠輔「Deep Interview 民主主義の未来　資本主義の未来　全6話」（PIVOT、2022年）
成田悠輔「『一物多価』の経済実現へ　デジタル金融の諸相」（日本経済新聞、2022年10月31日）
成田悠輔「『心』までもデータ化され金融商品となる未来」（「文藝春秋オピニオン　2022年の論点100」）
「HIGHSNOBIETY JAPAN ISSUE09+ YUSUKE NARITA」表紙巻頭批評、2022年
「成田悠輔が見たパリコレ」Numero TOKYO 2022年12月号

成田悠輔（なりた ゆうすけ）
資本主義が大好きで大嫌い。専門は、データ・アルゴリズム・ポエムを使ったビジネスと公共政策の想像とデザイン。ウェブビジネスから教育政策まで幅広い社会課題解決に取り組み、多分野の学術誌・学会に研究を発表、多くの企業や自治体と共同事業を行う。東京大学卒業（最優等卒業論文に与えられる大内兵衛賞受賞）、マサチューセッツ工科大学（MIT）Ph.D.取得。昼はイェール大学助教授、夜は半熟仮想㈱代表など兼歴任。内閣総理大臣賞、MITテクノロジーレビュー Innovators under 35、ダボス会議（世界経済フォーラム）Young Global Leadersなど受賞。報道・討論・お笑い・アート・ファッションなど多様な動画や雑誌の企画や出演も多い。著書『22世紀の民主主義——選挙はアルゴリズムになり、政治家はネコになる』、絵本翻訳『挫折しそうなときは、左折しよう』、定期番組「夜明け前のPLAYERS」「成田悠輔と愛すべき非生産性の世界」「成田悠輔の聞かれちゃいけない話」など。

22世紀《せいき》の資本主義《しほんしゅぎ》
やがてお金《かね》は絶滅《ぜつめつ》する

二〇二五年二月二〇日　第一刷発行

著　者　成田悠輔
発行者　大松芳男
発行所　株式会社　文藝春秋
〒一〇二‐八〇〇八
東京都千代田区紀尾井町三‐二三
☎〇三‐三二六五‐一二一一
印刷所　理想社
付物印刷　大日本印刷
製本所　大口製本

万一、落丁・乱丁の場合は送料小社負担でお取替え致します。小社製作部宛お送り下さい。定価はカバーに表示してあります。本書の無断複写は著作権法上での例外を除き禁じられています。また、私的使用以外のいかなる電子的複製行為も一切認められておりません。

©Yusuke Narita 2025 ISBN978-4-16-661474-5　Printed in Japan